Arbeitsheft
mit Lösungen

Umgang mit Sachtexten:

Analyse, Erörterung, materialgestütztes Schreiben

Texte, Themen und Strukturen

Deutschbuch für die Oberstufe

Herausgegeben von
Deborah Mohr und
Andrea Wagener

Erarbeitet von
Diana Sackmann
Philipp Schmolke
Christian Schwarz
Angelika Thönneßen

Cornelsen

1 Grundlagen 3

1.1 Was ist ein Sachtext? – Formen, Darstellungsweisen, Intentionen 3

1.2 Sachtexte richtig lesen – Lesestrategien 6

1.3 Von Lieblingsbüchern – Diskontinuierliche Sachtexte erschließen 11

1.4 Aufgabenarten 13

2 Einen Sachtext analysieren 16

2.1 Basistraining: Fünf Schritte zur Analyse 16

2.2 Der Brief – Textsorte und sprachliche Besonderheiten untersuchen 30

2.3 Die Rede – Argumentationsstrategien und Argumenttypen erkennen 36

2.4 Der Essay – Sprachgestaltung und Leserlenkung untersuchen 42

3 Einen Sachtext erörtern 46

3.1 Basistraining: In fünf Schritten einen Sachtext erörtern 46

3.2 Vertiefende Übungen zum Aufbau einer Erörterung 57

3.3 Vertiefende Übungen zum sprachlich präzisen Schreiben 63

4 Materialgestütztes Schreiben 69

4.1 Basistraining: In fünf Schritten materialgestützt einen Text verfassen 69

4.2 Vertiefende Übungen: Informationen erschließen, auswählen, wiedergeben 80

4.3 Vertiefende Übungen zum argumentierenden Schreiben 89

1.1 Was ist ein Sachtext? – Formen, Darstellungsweisen, Intentionen

Info **Sachtexte**

- **Sachtexte** haben einen Gebrauchswert und beziehen sich meist auf praktische Lebenszusammenhänge. Beispiele hierfür sind: Kochrezept, Gesetzestext, Reportage, Gebrauchsanweisung, Kommentar, Schulordnung, Protokoll, Aushang am schwarzen Brett, Reisebericht usw. Sachtexte werden auch **nicht-fiktionale, pragmatische Texte** genannt. Sie beziehen sich im Unterschied zu fiktionalen Texten auf nachprüfbare Phänomene der realen Welt. Die Abgrenzung der Textsorte Sachtext gegenüber anderen Textsorten ist nicht immer einfach (vgl. Aufgabe 2).
- Beim Lesen eines Sachtextes sollte man im Blick haben, dass **jede Autorin / jeder Autor** beim Schreiben ein bestimmtes **kommunikatives Ziel** hat, in einer bestimmten **Intention (Wirkungsabsicht)** handelt. Dieses Ziel bestimmt wiederum die **Darstellungsweise** (Aufbau und Gestaltung) des Textes.

1 Notieren Sie weitere Beispiele für Sachtexte.

____

____

2 Lesen Sie die folgenden Materialien zu Goethes *Italienischer Reise* und Swifts *Gullivers Reisen*.

M1 Johann Wolfgang von Goethe

Italienische Reise (Teil 1, Auszug)

Den 25. Oktober abends. Perugia.

Zwei Abende habe ich nicht geschrieben. Die Herbergen waren so schlecht, dass an kein Auslegen eines Blattes zu denken war. Auch fängt es mir an, ein bisschen verworren zu werden; denn seit der Abreise von Venedig spinnt sich der Reiserocken nicht so schön und glatt mehr ab.

Den Dreiundzwanzigsten früh, unserer Uhr um zehne, kamen wir aus den Apenninen hervor und sahen Florenz liegen in einem weiten Tal, das unglaublich bebaut und ins Unendliche mit Villen und Häusern besät ist.

Die Stadt hatte ich eiligst durchlaufen, den Dom, das Baptisterium. Hier tut sich wieder eine ganz neue, mir unbekannte Welt auf, an der ich nicht verweilen will. Der Garten Boboli liegt köstlich. Ich eilte so schnell heraus als hinein.

M2 **Italienische Reise**

Die *Italienische Reise* gehört zu den autobiografischen Schriften von Johann Wolfgang von Goethe, wie auch *Dichtung und Wahrheit* und *Campagne in Frankreich*. Goethe verfasste seinen zweiteiligen Reisebericht auf der Grundlage seiner Reisetagebücher in den Jahren 1813–1817 und berichtete darin von seinem Aufenthalt in Italien (1786–1788), wo er unter einem Pseudonym reiste, um unerkannt zu bleiben. Die zeitliche Abfolge in der *Italienischen Reise* entspricht der in Goethes Tagebuch, doch überarbeitete der Dichter seine Aufzeichnungen stark: Er ließ persönlichere Gedanken außen vor und gestaltete die Darstellung seiner Reise stilistisch um. Dennoch behielt das Werk die Tagebuchform. Die ersten Teile der *Italienischen Reise* richten sich an keinen bestimmten Adressatenkreis; später werden die „Freunde“ und im Weiteren konkrete Personen angesprochen.

M3 Jonathan Swift

Gullivers Reisen (Reise nach Lilliput, Kap. 1, Auszug)

Oft ließ ich die Füße sinken, konnte aber keinen Grund fühlen; als ich beinahe verloren war, denn ich konnte nicht länger mit den Wellen ringen, fand ich endlich festen Boden; zugleich ließ auch der Sturm nach. Der Strand war so flach, dass ich beinahe eine Meile waten musste, bevor ich auf das trockene Ufer kam; es war nach meiner Schätzung um 8 Uhr abends. Alsdann ging ich noch eine halbe Meile, konnte aber keine Spur von Häusern oder Bewohnern entdecken; wenigstens war ich so schwach, dass ich sie nicht bemerkte. Da ich sehr müde und das Wetter heiß war, ich auch, als ich das Schiff verließ, etwa eine halbe Pinte Branntwein getrunken hatte, fühlte ich Neigung zum Schlaf. Ich legte mich auf das Gras, welches mir kurz und weich zu sein schien, und schlief dann fester als jemals in meinem Leben und, nach meiner Rechnung, über neun Stunden, denn als ich erwachte, war der Tag eben angebrochen. Ich versuchte aufzustehen, konnte mich aber nicht bewegen, denn da ich auf dem Rücken lag, fand ich meine Arme und Beine festgebunden an dem Boden haften. Dasselbe war mit meinem langen, dichten Haar der Fall. Auch fühlte ich mehrere kleine Binden am ganzen Leibe von den Achselhöhlen bis zu den Schenkeln. Ich konnte nur aufwärtsblicken, die Sonne war heiß, und ihr Licht blendete meine Augen. Ich vernahm ein wirres Geräusch in meiner Nähe; in der Stellung jedoch, die ich einnahm, konnte ich nur den Himmel sehen. Mittlerweile fühlte ich, wie sich etwas auf meinem linken Bein bewegte; irgendein Geschöpf rückte leise vorwärts über meine Brust und kam bis fast an mein Kinn. Als ich das Gesicht, so weit ich konnte, nach unten beugte, erkannte ich in ihm ein menschliches Wesen, keine sechs Zoll groß, mit Bogen und Pfeilen in der Hand und einem Köcher auf dem Rücken.

M4 **Gullivers Reisen**

1726 erschien mit *Gullivers Reisen* (engl.: *Gulliver's Travels*) ein Roman, der zum Klassiker der englischen Literatur und zu den meistgelesenen Büchern der Welt wurde. Der satirische, anschaulich erzählte Roman besteht in der Originalfassung aus vier Büchern und erzählt von den Abenteuern des Schiffsarztes Lemuel Gulliver. Der irische Autor Jonathan Swift (1667–1745) prangerte mit seinem Werk gesellschaftliche Missstände der damaligen Zeit an und beleuchtete die Relativität von menschlichen Werten. Bekannter als die Originalausgabe ist die gekürzte und redigierte Kinderbuch-Fassung, bei der die sozialkritischen Aspekte und der satirische Ansatz außen vor blieben. In dieser Ausgabe entdeckt Gulliver zunächst das Land der Zwerge und kommt dann ins Land der Riesen.

3 Versuchen Sie bei M1 und M3 zu bestimmen, ob der Text fiktional oder nicht-fiktional ist.

Meiner Meinung nach ist M1 ein ______________________ *Text, weil* ______________________

____

Bei „Gullivers Reisen" handelt es sich um einen ______________________ *Text, weil* __________

____

4 Nehmen Sie kurz Stellung zu der Aussage, die Unterscheidung in fiktionale und nicht-fiktionale Texte sei in diesem Fall problematisch und unbefriedigend.

____

____

____

____

Info Sachtexte

In einem Sachtext treten häufig mehrere **Darstellungsweisen** und **Intentionen** (Wirkungsabsichten) nebeneinander auf. So wird zum Beispiel in einer Reportage das persönliche Erleben des Autors mit der Schilderung einzelner Situationen oder Ereignisse verknüpft.
Sachtexte können also zwei oder sogar mehrere Funktionen haben, was dann Interpretationsspielraum hinsichtlich der Frage lässt, welches die **primäre Intention** ist.

Intentionen (Wirkungsabsichten) von Sachtexten

Die Autorin / Der Autor will ...

... die Leser/innen informieren. ... einen Sachverhalt darstellen.	... die eigene Meinung äußern. ... die Meinung der Leser/innen beeinflussen. ... die Leser/innen überzeugen. ... zu etwas Bestimmtem auffordern/aufrufen.	... die Leser/innen unterhalten.

Dazu nutzt die Autorin bzw. der Autor bestimmte **Darstellungsweisen (Modi).** Sie / Er schreibt ...

5 Ordnen Sie die folgenden Darstellungsweisen den entsprechenden Intentionen zu.
Tragen Sie sie jeweils in die farbigen Kästchen im Infokasten oben ein.

argumentativ / persusasiv (lat. *persuadere:* überreden, überzeugen)
deskriptiv (lat. *describere:* beschreiben)
narrativ (lat. *narrare:* erzählen)

6 Bestimmen Sie, welche primären Intentionen die folgenden Sachtexttypen verfolgen.
Notieren Sie die passenden Buchstaben; es können auch mehrere sein.

(**A**) informieren, darstellen (**B**) beeinflussen, überzeugen, auffordern (**C**) unterhalten

Bericht	Rezension
Lexikonbeitrag	Fahndungsmeldung
Reisebericht	Essay
Kommentar	Gebrauchsanweisung
Protokoll	Werbeanzeige
Bedienungsanleitung	politische Rede
Reportage	

1.2 Sachtexte richtig lesen – Lesestrategien

1 In diesem Unterkapitel lesen Sie drei Sachtexte zum Thema **„Schriftsteller/in werden“.** Notieren Sie, was Sie bereits über dieses Thema wissen oder welche Fragen Sie dazu haben.

- *Wie kommt man auf Schreibideen?* ______________________
- *Talent oder Handwerk?* ______________________
- *Wie arbeitet eine Lektorin / ein Lektor?* ______________________
- ... ______________________

____

____

____

____

Info Sachtexte

Lesen Sie Texte zu einem bestimmten Zweck bzw. mit einem bestimmten **Leseziel,** dann ergibt sich daraus die jeweilige **Lesestrategie.** Ihr Leseziel bestimmt, ob Sie einen Text beispielsweise nur überfliegen, nur an einigen Stellen genau lesen oder Satz für Satz gründlich durcharbeiten.

Lesestrategie

Überfliegendes (diagonales) Lesen
Der Text wird überflogen, um einen Überblick über Thema, Inhalt und Aufbau zu gewinnen.

Gezieltes (selektives) Lesen
Einzelne interessierende Textstellen werden genauer gelesen, das Übrige nur überflogen.

Intensives (sequentielles) Lesen
Der ganze Text wird mehrmals unter Beachtung aller Details gründlich gelesen (vgl. aktives Lesen ► S. 9).

Navigierendes Lesen
Durch Querverweise im Text, z. B. im Lexikon, oder durch Internetlinks wird das Lesen gesteuert.

2 Welche Erfahrungen haben Sie bereits mit Lesestrategien gemacht, welche Strategie liegt Ihnen besonders? Erläutern Sie.

____

____

____

____

3 Lesen Sie die drei folgenden Texte zum Thema „Schriftsteller/in werden" mit dem Ziel, einen ersten Eindruck von den Texten zu gewinnen. Welche Lesestrategie wählen Sie dazu (vgl. S. 6)? Begründen Sie.

____

____

M1 Norbert Hummelt: **Anstiftung** (2005)

Nach zwei Wochen London, im März 1986, hätte ich beinahe mit dem Schreiben aufgehört. Nach zwei Jahren tastender Versuche in Richtung einer Kurzprosa, die immer kürzer wurde und dann ganz ausblieb, nachdem ich mich erst der scheinbaren Sicherheit der Fremdsprache Englisch anvertraut und dann im Deutschen die Kluft zwischen Sagen und Fühlen, die Unzulänglichkeit meines Ausdrucksvermögens mit jedem Versuch schmerzhaft in Erfahrung gebracht hatte, gab ich mir noch diese zwei Wochen.

Wenn ich darin nichts zustande brächte, so mein Entschluss, sollte es das gewesen sein. Meine Absichten gingen vage aufs Erzählerische, konkrete Ideen gab es keine, ich wartete auf das, was man Eingebung nennt. An einem der letzten Tage setzte ich mich auf eine Bank im Hyde Park, nah bei einem Brunnen, mit Notizbuch und Stift. Eine Geschichte wollte nicht kommen. Um nicht völlig untätig zu sein, machte ich mir Notizen zu den Dingen, die ich sah. Im Brunnen kein Wasser. Krokusse. Einfach so. Und dann geschah etwas. Die Krokusse wuchsen da, im grünen Gras. Dann standen sie als Wort im Notizbuch und sahen mich an. Ich sah auf die Wiese, ich sah in die Luft und wieder aufs Papier. Da waren Augen. Worte. Ein Du. Ich begann, die Worte hin und her zu schieben, in meinem Kopf. Mit dem Stift in meiner Hand. Im Brunnen kein Wasser: noch trocken die Brunnen. Da war ein Puls in diesen Worten, und indem ich sie einzeln und dann zu mehreren in die Hand nahm, nahm mich etwas bei der Hand und führte mich, hin zu einem ersten Gedicht. Ich sah, dass es gut war.

War es gut? Die Meinungen in der Autorenwerkstatt an der Uni Köln, wo ich bald erst dieses und dann einen ganzen Schwung weiterer Gedichte vorstellen konnte, waren geteilt. Den einen erschien das Gedicht zu sprachspielerisch, den anderen gefiel es gerade deswegen. Man billigte mir zu, einen neuen Anfang gemacht zu haben, und widmete meinen Versuchen fortan eine gewisse gespannte Aufmerksamkeit, die mir guttat. Die praktischen Vorschläge der anderen zu meinen Texten, ihr Lob und Tadel, ihr Rat zu Streichungen und Umstellungen, ihre Ansätze zu Neuformulierungen, das alles ging in mein Schreiben ein – selten an der monierten Stelle, doch wanderten diese Diskussionen in den Fundus meiner ästhetischen Überlegungen, machten empfindlich für die erkannten Schwächen oder forderten ein trotziges: Jetzt erst recht.

M2 **Werdegänge von Schriftstellern** (Wikipedia-Auszug)

Während in den USA Creative Writing zur Hochschulausbildung zählt oder in Japan sich Schüler traditionell im Haiku-Schreiben üben, wird in den Schulen des deutschen Sprachraums nach wie vor mehr über Literatur geredet als zum literarischen Schreiben angeregt. Schriftsteller im deutschen Sprachraum sind meist zunächst intensive Leser, um sich dann als Autodidakten eigene Wege zum Schreiben wie auch zum Vermarkten von Manuskripten zu suchen.

An der Universität für angewandte Kunst Wien, der Universität Hildesheim und seit 1995 an der Universität Leipzig (Deutsches Literaturinstitut Leipzig) gibt es nach US-amerikanischem Vorbild eine schreibhandwerkliche Ausbildung beziehungsweise einen Studiengang zum diplomierten Schriftsteller. Gasthörer können diese Seminare ebenfalls besuchen. Darüber hinaus bieten zahlreiche Schreibwerkstätten, wie z. B. das Junge Literaturforum Hessen-Thüringen, die Marburger Sommerakademie oder die Schule des Schreibens, angehenden Autoren interaktives Training oder ein Coaching durch bereits etablierte Schriftsteller an.

Für die Selbstvermarktung werden von Schriftstellern auch immer mehr Literaturagenten in Anspruch genommen, die Hürden bei den Verlagen abbauen helfen sollen. Tatsächlich aber unterziehen Literaturagenturen die Autoren ähnlichen Auswahl- und Ausschlusskriterien wie die Verlage und übernehmen damit zuweilen auch gleich die Funktion „outgesourcter" Lektorate.

Trotz wie auch immer gearteter Vor- und Ausbildung gelingt es nur sehr wenigen Schriftstellern, allein von ihren Publikationen beziehungsweise Buchhonoraren zu leben. Die meisten gehen deshalb noch anderen Tätigkeiten nach – entweder völlig jenseits der Literatur oder in einer immerhin artverwandten Kombination als Übersetzer, Lesereisender oder, wie schon seit Längerem in den USA, als Dozent für Kreatives Schreiben.

M3 Josef Haslinger / Hans-Ulrich Treichel: **Wie werde ich ein verdammt guter Schriftsteller?** (2005, Vorwort)

Es gibt keinen Königsweg, um Schriftsteller zu werden. Es gibt noch nicht einmal wirklich brauchbare Rezepte, an die sich derjenige halten kann, der das Schreiben erlernen, der Gedichte, Erzählungen, Romane oder Theaterstücke schreiben möchte. Ratschläge freilich gibt es viele, sinnvolle und weniger sinnvolle, und darunter auch einige von schlagender Simplizität, gegen die man sich einfach nicht wehren kann: „Schreibe jeden Satz so, dass der Leser auch den nächsten lesen will", kann man in einem Schreibratgeber lesen.

Das klingt auf den ersten Blick vollkommen überzeugend, erweist sich aber schon auf den zweiten als höchst problematisch. Wer ist denn überhaupt „der Leser"? Gibt es ihn als identifizierbare Größe? Und sollte sich ein Schriftsteller überhaupt nach einem zu erwartenden Lesergeschmack richten? Und wie muss so ein Satz beschaffen sein, damit der Leser geneigt sein könnte, davon auch noch einen zweiten zur Kenntnis zu nehmen? Wie ein Satz Kafkas? Wie einer von Thomas Mann? Oder von Georg Büchner oder Arno Schmidt?

Wir wissen es nicht. Niemand weiß es. Und schon gar nicht diejenigen, die von sich behaupten, sie wüssten *Wie man einen verdammt guten Roman schreibt*, um James N. Freys Schreibratgeber zu zitieren, auf den sich auch der Titel der vorliegenden Essay- und Aufsatzsammlung nicht ohne ironische Absicht bezieht.

Das heißt freilich nicht, dass man einem Schriftsteller keinen guten Rat in Bezug auf sein Handwerk geben könnte – und dass man als Autor keinen Rat entgegennehmen möchte. Und das heißt auch nicht, dass man als jüngerer Mensch, der schreiben möchte, nur vor der Alternative steht, entweder begabt zu sein – oder eben nicht. Auch literarische Begabung ist eine dynamische Größe. Wo keine zu sein scheint, kann sich gegebenenfalls noch eine zeigen. Und wo eine zu sein scheint, kann diese sich möglicherweise niemals so produktiv entfalten, wie sie es verdient hätte. [...]

Es gibt, wir haben es anfangs gesagt, keinen Königsweg, um zum Schriftsteller zu werden. Und auch die institutionelle Schreibausbildung kann ein solcher nicht sein. Wer gegen eine institutionalisierte Schreibausbildung einwenden möchte, dass Goethe niemals einen Schreibkurs besucht hat, der hat vollkommen recht. Auch von Franz Kafka oder Thomas Mann wissen wir nichts dergleichen. Wir wissen aber auch, dass wohl kein Autor ganz allein und in völliger Autonomie seinen Text zur Druckreife bringt. Wenn es nicht die eigene Familie oder der jeweilige Partner ist, dem man seinen Text zuerst zeigt oder vorliest und sich gegebenenfalls gute Ratschläge holt, dann ist es in der Regel der Verlagslektor, den es trotz aller Unkenrufe noch immer als unersetzlichen ersten oder auch zweiten Leser eines Manuskriptes gibt. Insofern ist der Schreibprozess auch des zurückgezogensten Autors wohl niemals ein ganz autonomer – so wie auch innerhalb einer institutionalisierten Schreibausbildung der eigentliche Schreibvorgang in der Regel in schönster Isolation und zu Hause geschieht.

4 Welche Wirkung haben die Texte jeweils auf Sie?
Notieren Sie davon ausgehend Ihre Vermutungen zu den Intentionen der jeweiligen Autoren.

M1: ____________________

____

____

____

M2: ____________________

____

____

____

M3: ____________________

____

____

____

5 Beim genaueren Erschließen der drei Texte können Sie Schritte der „Erweiterten Fünf-Schritt-Lesemethode" anwenden. Lesen Sie dazu den folgenden Methodenkasten. Kreuzen Sie an, welche Schritte Sie bereits erledigt haben.

Methode Die „Erweiterte Fünf-Schritt-Lesemethode"

Die **„Erweiterte Fünf-Schritt-Lesemethode"** ist eine effiziente Lesetechnik, die mehrere **Lesestrategien** miteinander verbindet.

- ☐ 1. Schritt: Vorwissen aktivieren – den erwarteten Inhalt antizipieren
- ☐ **2. Schritt:** **Sich einen Überblick verschaffen**
- ☐ **3. Schritt:** **Fragen an den Text stellen**
- ☐ **4. Schritt:** **Den Text aktiv und gezielt lesen**
- ☐ **5. Schritt:** **Den Text abschnittsweise rekapitulieren**
- ☐ **6. Schritt:** **Den ganzen Text rekapitulieren**
- ☐ 7. Schritt: Das Gelesene mit dem Vorwissen verknüpfen

zum 4. Schritt:
Gezielt lesen bedeutet, Texte mit Blick auf die Aufgabenstellung genau zu lesen. Man analysiert also nicht alle Textdetails, sondern konzentriert sich auf die Informationen, die für die Bearbeitung der Aufgabe wichtig sind. **Aktiv lesen** bedeutet, Stifte kreativ zu verwenden: Unterstreichen Sie z. B. einfach, doppelt, gestrichelt, geschlängelt; umkreisen Sie einzelne Begriffe. Machen Sie sich Notizen am Rand, nutzen Sie ihn für Markierungen und Notizen. Hilfreich sind Zeichen und Abkürzungen. Verwenden Sie verschiedenfarbige Marker zum Beispiel zur Unterscheidung von Textebenen (Thesen, Einleitung, Zitate, Schlüsselwörter usw.), Angaben (Namen, Jahreszahlen usw.), semantischen und syntaktischen Besonderheiten.
Markieren Sie sparsam und gezielt!

Titel: Frage	Josef Haslinger / Hans Ulrich Treichel: **Wie werde ich ein verdammt guter Schriftsteller?**	
Antwort: These	Es gibt keinen Königsweg, um Schriftsteller zu werden. Es gibt noch nicht einmal wirklich brauchbare Rezepte, an die sich derjenige halten kann, der das Schreiben erlernen, der Gedichte, Erzählungen, Romane oder Theaterstücke schreiben möchte. Ratschläge freilich gibt es viele, sinnvolle und weniger sinnvolle, und darunter auch einige von schlagender Simplizität, gegen die man sich einfach nicht wehren kann:	*Leserbeeinflussung: abwertende Formulierungen* *Umgangssprache Abwertung, Ironie?!*
Beispiel, Zitat	„Schreibe jeden Satz so, dass der Leser auch den nächsten lesen will", kann man in einem Schreibratgeber lesen.	*rhetorisches Mittel: Einbeziehen der Leser/innen*

6 Notieren Sie Ihre Fragen an die Texte in Ihrem Kursheft.

7 Lesen Sie die Texte nun gezielt und aktiv mit dem Ziel, Ihre Vermutungen zu den Autorintentionen (► S. 8, Aufg. 4) zu überprüfen.

Mein erster Eindruck hat sich bestätigt/nicht bestätigt. Besonders im Hinblick auf ____________________

____

____

____

8 Bestimmen Sie bei jedem Text:
- Welche Intentionen verfolgen die jeweiligen Autoren primär?
- Welche Darstellungsweise wurde gewählt: Ist der jeweilige Text im Kern deskriptiv, argumentativ oder narrativ?

M1: Norbert Hummelt will seine Leser/innen primär ______________________________

Die Darstellungsweise ist ______________________________

M2: Der Wikipedia-Text soll ______________________________

____

M3: Haslinger und Treichel wollen hauptsächlich ______________________________

____

9 Lesen Sie die drei Texte erneut aktiv und gezielt (▸ Methodenkasten S. 9), diesmal mit Blick auf das Themenfeld „Schreiben lernen“. Suchen Sie in den Texten nach entsprechenden Begriffen wie *Schreibschule, Autorenwerkstatt* usw. Markieren Sie in den Texten und nutzen Sie den Rand.

10 Lesen Sie M3 intensiv. Machen Sie sich nach jedem Sinnabschnitt bewusst, was Sie verstanden haben. Fassen Sie Ihre Ergebnisse mit eigenen Worten abschnittsweise zusammen.

Abschnitt	Zeilen	Kernaussage
1	1–10	...
2		
3		
4		
5		

11 Lesen Sie nochmals Ihre Notizen zu Schritt 1 (▸ S. 6, Aufg. 1: Vorwissen, Fragen zum Thema). Verknüpfen Sie diese mit den Informationen, die Sie durch die Texte erhalten haben. Inwiefern haben sich Ihr Vorwissen und Ihre Einstellung zum Thema verändert? Erläutern Sie.

____

____

____

____

1.3 Von Lieblingsbüchern – Diskontinuierliche Sachtexte erschließen

Info **Sachtexte**

Diagramme, Karten, Tabellen, Schaubilder usw. – Darstellungen von Sachverhalten, Informationen und Zahlen, die grafische Elemente enthalten – werden unter dem Begriff **diskontinuierliche Texte** (auch: **nicht-lineare Texte**) zusammengefasst.

Der Betreiber eines deutschsprachigen literarischen Blogs fragte seine Leser/innen nach ihrem Lieblingsbuch: Welches Buch nähmen sie mit auf eine einsame Insel, wenn sie sich für ein einziges entscheiden müssten?
Bei der Auswertung richtete der Fragesteller den Blick neben den 34 genannten Lieblingsbüchern auch auf Herkunft und Geschlecht der jeweiligen Buchautoren und darauf, ob es sich um lebende oder verstorbene Autoren handelte.

1 Sehen Sie sich die folgenden drei Diagramme genau an.

M1 **Herkunft der Autorinnen / Autoren** (Angaben in Prozent)

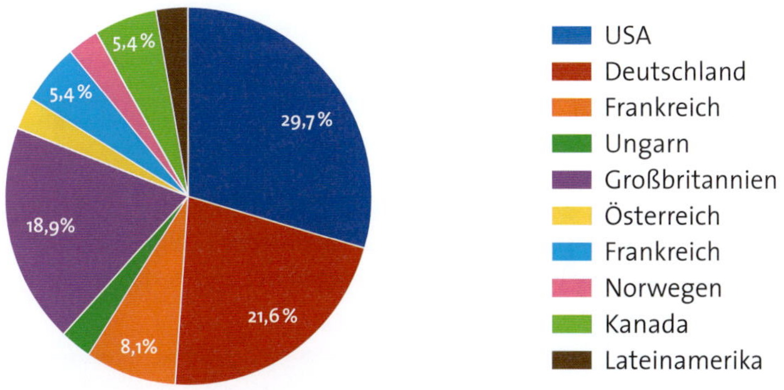

M2 **Lebende und bereits verstorbene Autorinnen / Autoren** (Angaben in Prozent)

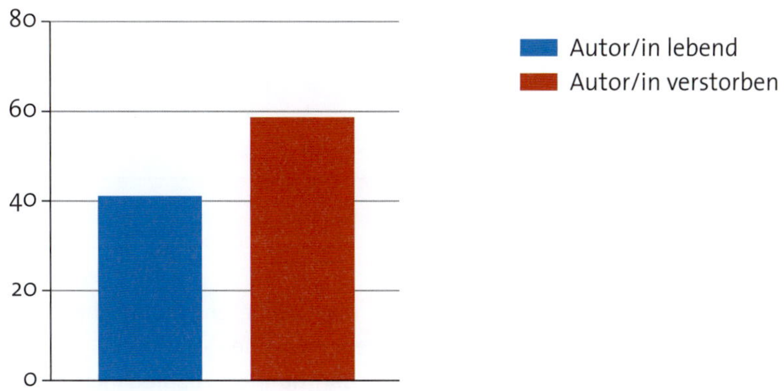

M3 **Geschlecht der Autorinnen / Autoren** (Angaben in Prozent)

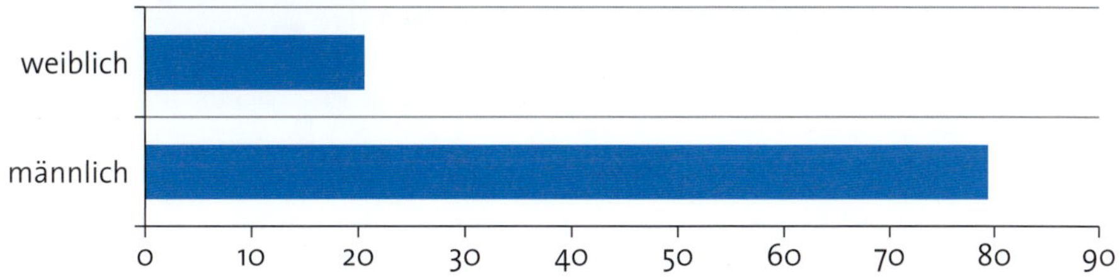

Methode **Ein Diagramm anhand von Leitfragen auswerten**

1 Thema klären
- Worüber macht das Diagramm Aussagen?
- Gilt es für eine bestimmte Personengruppe?
- Wurde eine bestimmte Zeitspanne oder der Zustand zu einem bestimmten Zeitpunkt untersucht?

2 Details untersuchen
- Wenn Zahlen angegeben werden: Handelt es sich um Prozentangaben oder um absolute Zahlen?
- Werden Symbole und Farben erklärt?
- Gibt es einen Begleittext, der z. B. die Erhebungsmethode erläutert?
- Falls die Zahl der Befragten angegeben wird: Wie repräsentativ ist diese?
- Werden Quellen angegeben?

3 Kernaussagen zusammenfassen

2 Fassen Sie die Aussagen der Diagramme auf Seite 11 knapp mit eigenen Worten zusammen. Sie können als Anregung den jeweiligen Wortspeicher dazu nutzen.

Diagramm 1 ______________________________

____

____

sehr deutlich • Frankreich • Kanada • USA • fast gleich viele • die Prägung des Lesegeschmacks • Großbritannien und Deutschland • Was die Herkunft betrifft • liegen mit 29,7 % klar vor ... • Dahinter folgen ... • Insgesamt wird ...

Diagramm 2 ______________________________

____

Geschmack dominiert durch ... • knapp 60 % ... • liegen nah beieinander • aktuelle Literatur ebenso wie ...

Diagramm 3 ______________________________

____

____

mögliche Erklärung • schlägt sich möglicherweise hier nieder • zahlreich vertretene männliche Klassiker • männliche Prägung der Literatur in vergangenen Epochen • genannte weibliche Autoren vermutlich eher dem 20./21. Jahrhundert zuzurechnen

3 Sehen Sie sich die Diagramme im Hinblick auf ihre Aussagekraft genau an:
- Benennen Sie gegebenenfalls Schwachstellen.
- Welche Informationen zur Umfrage oder zu deren Ergebnissen vermissen Sie?

Meiner Meinung nach ______________________________

____

____

1.4 Aufgabenarten

Info **Sachtexte**

In einer Klausur können Ihnen im Zusammenhang mit Sachtexten folgende **Aufgabenarten** begegnen:
- Aufgaben, die eine **Analyse** des Sachtextes fordern und sich dabei nur auf den vorliegenden Text beziehen, also **textimmanent** bleiben (▸ ab S. 16),
- Aufgaben, die eine weiterführende **Erörterung** des im Text angesprochenen Themas verlangen und sich zum Beispiel auch auf einen literarischen Text beziehen können (▸ ab S. 46),
- Aufgaben, bei denen von Ihnen erwartet wird, dass Sie einen Text auf der Basis verschiedener Materialien zu einem Thema verfassen (**Materialgestütztes Schreiben** ▸ ab S. 69).

Aufgabenart 1: Textimmanente Analyse

Eine Aufgabenstellung zu dieser Aufgabenart könnte lauten:

Analysieren Sie den Textauszug „Anstiftung" von Norbert Hummelt (▸ S. 7) im Hinblick auf Inhalt und sprachliche Gestaltung.

1 Wie könnte man bei der Bearbeitung der Aufgabe vorgehen?
Ordnen Sie die folgenden Arbeitsschritte in einer für Sie sinnvollen Reihenfolge.

- [ ] Fragen an den Text stellen
- [ ] den Text abschnittsweise rekapitulieren
- [ ] semantische und syntaktische Besonderheiten klären
- [ ] Textsorte bestimmen
- [ ] Vorwissen aktivieren, den erwarteten Inhalt antizipieren
- [ ] Wirkungsabsicht und Darstellungsmodus (argumentativ / deskriptiv / narrativ) eruieren (▸ S. 8)
- [ ] Sinnabschnitte finden und markieren
- [ ] sich einen Überblick verschaffen
- [ ] den ganzen Text rekapitulieren
- [ ] Adressaten definieren

2 Bestimmen Sie das Thema des Textes und fassen Sie den Inhalt knapp in Ihrem Kursheft zusammen.

3 Notieren Sie in Ihrem Kursheft Auffälligkeiten in den Bereichen Satzbau, Wortschatz, sprachliche Mittel, Stil. Beschreiben Sie Sprache und Stil des Textes mit Hilfe des Wortspeichers.

entschieden • freundlich • humorvoll • selbstkritisch • ironisch • bissig

4 Bestimmen Sie die Darstellungsweise: Ist der Text im Kern eher narrativ, deskriptiv oder argumentativ angelegt? Nennen Sie Textstellen, die Ihr Ergebnis stützen.

___

___

___

5 Den Hauptteil Ihrer Klausur können Sie linear (am Textverlauf orientiert) oder aspektorientiert (an zentralen Aspekten der Aufgabenstellung ausgerichtet) aufbauen. Machen Sie sich die Vor- und Nachteile des jeweiligen Vorgehens klar und entscheiden Sie sich für einen Aufbau.

Ich wähle den ______________________ *Aufbau, weil* ______________________________

____

Aufgabenart 2: Erörterung

So könnte eine Aufgabe formuliert sein, die eine Erörterung von Ihnen verlangt:

1. Geben Sie den Argumentationsgang des Textes „Wie werde ich ein verdammt guter Schriftsteller?“ von Josef Haslinger und Hans-Ulrich Treichel (▶ S. 8) wieder und erschließen Sie die Darstellungsweise und Wirkungsabsichten der Autoren.
2. Erörtern Sie anschließend die im Text aufgeworfene Frage, ob sich ein Schriftsteller „überhaupt nach einem zu erwartenden Lesergeschmack richten“ sollte (Z. 15 f.). Beziehen Sie dabei Ihre Kenntnisse über Wirkungs- und Rezeptionsgeschichte Ihnen bekannter Werke der deutschen Literatur mit ein.

1 Überlegen Sie, welche Teilaufgaben in dieser Aufgabenstellung enthalten sind.
Markieren Sie die Operatoren und notieren Sie in Stichpunkten, welche Aufgabenschritte zu erledigen sind.

____

____

____

____

2 Probieren Sie die folgende Möglichkeit aus, die Aufgabe zu bearbeiten:

a Erschließen Sie den Text mit der „Erweiterten Fünf-Schritt-Lesemethode“ (▶ S. 9, gezieltes Lesen mit Blick auf die Aufgabestellung). Notieren Sie Stichworte in Ihr Kursheft.

b Visualisieren Sie in Ihrem Kursheft den Argumentationsgang, z. B. in einem Strukturdiagramm.

c Arbeiten Sie sprachliche Phänomene heraus, z. B. auf- / abwertende Wörter und Wendungen, ironisierende / provokante Aussagen, Komik, Übertreibungen, Anspielungen, Neologismen, syntaktische Besonderheiten, rhetorische Fragen. Notieren Sie entsprechende Textstellen in Ihrem Kursheft.

3 Lesen Sie die im zweiten Teil der Aufgabenstellung zitierte Frage genau durch.
Kreuzen Sie an, was in diesem Aufgabenteil von Ihnen erwartet wird.

☐ Ich soll eine eigene Position zur Frage im Sinne von begründetem Widerspruch / kritischer Distanzierung, teilweiser Übereinstimmung oder begründeter Zustimmung formulieren.

☐ Ich soll meine Position in einer Erörterung begründen, die sinnvoll aufgebaut ist, z. B. so:

linearer Aufbau | antithetischer Aufbau (Pingpong- Prinzip) | Positionsdarstellung im Block (Sanduhr-Prinzip)

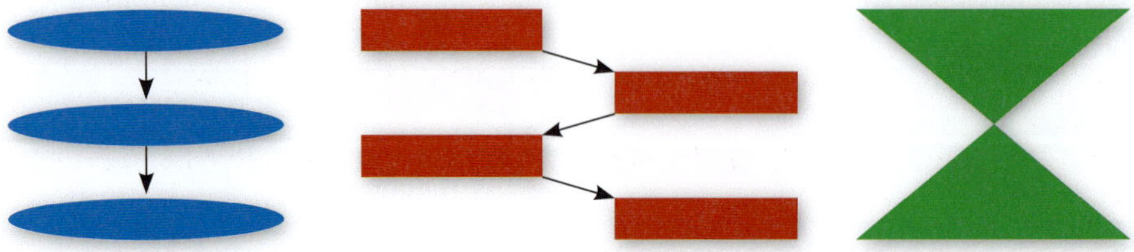

☐ Ich soll erörtern, welche sprachlich-stilistische Besonderheit die zitierte Frage aufweist.

Aufgabenart 3: Materialgestütztes Schreiben

Mit gerade einmal 17 Jahren hat Anna Palm bereits zwei Romane geschrieben und arbeitet jetzt an ihrem dritten. Die „kleine Rowling vom Rhein" präsentiert im Rahmen einer öffentlichen Lesung in Ihrer Schule ihr Buch *Die Selbstvergessenen.*
Verfassen Sie auf der Basis der Ihnen geeignet erscheinenden Materialien einen Text für einen Flyer zu dieser Veranstaltung, der neben der Vorstellung der jungen Autorin auch Hintergrundwissen zum Thema „Wie wird man eine gute Schriftstellerin / ein guter Schriftsteller?" vermittelt und für die Lesung wirbt.
Materialbasis: die Texte auf S. 7 f., die Diagramme auf S. 11 und der Text unten

Mein erstes Mal: Anna, 16, schreibt einen Roman

Anna Palm beherrschte gerade das ABC, da schrieb sie schon die ersten Geschichten. Anfangs ohne Struktur und roten Faden, doch es hat sich gelohnt: Zehn Jahre später gewann sie einen Schreibwettbewerb und bekam einen Buchvertrag. Ihr erster Roman ist nun fertig, Anna fühlt sich befreit.

„Letztens habe ich gedacht: Es ist fast schon zu spät, in zwei Jahren bin ich erwachsen. Dabei finde ich es cool, als Jugendlicher ein Buch zu schreiben. Das wollte ich auch. Jetzt hat es geklappt.
Ich habe an einem Kurzgeschichtenwettbewerb teilgenommen. 1500 Geschichten wurden eingereicht, ich habe gewonnen. Als ich den Anruf bekam, bin ich total ausgerastet. Natürlich kreischte ich nicht sofort los, das war mir zu peinlich. Aber als ich aufgelegt habe, schrie ich: ‚Maaamaaa!' Ich hopste und sprang durch die Gegend, rief alle Freunde an und veranstaltete eine Mini-Party. Einen Monat lang fühlte ich mich nur gut und auch ein bisschen besonders.
Ich gewann 1 000 Euro, und der Verlag lud mich nach Berlin ein. Von einem Buchvertrag sprach noch niemand. Mein Vater sagte: ‚Anna, es könnte ja sein, dass …' Ich unterbrach ihn: ‚Nein, sag es nicht! Sag es nicht!' Es wäre cool, wenn sie mich fragen würden, ob ich ein Buch schreiben will. Aber ich wollte mir nicht zu viele Hoffnungen machen.
Meine Freundinnen freuten sich sehr für mich. Wir spannen rum: Ich werde Spitzenautorin, sie Spitzenfotografin und wir gehen gemeinsam auf Welttournee. Die Jungs sagten: ‚Wir werden dein Manager und kassieren das ganze Geld.' […] Meine Mutter begleitete mich nach Berlin zum Verlag. Bei einem Latte Macchiato fragten mich die Programmleiterin und meine spätere Lektorin tatsächlich, ob ich Lust hätte, ein Buch zu schreiben. Natürlich hatte ich das!
Das Buch handelt von einem Engel, der einen Jungen beschützen soll. Von mir steckt eine ordentliche Portion in dem Engel Ellen, auch in ihrer besten Freundin könnten sich zwei meiner Freunde wiedererkennen. Ich habe Charakterzüge einfließen lassen und Missgeschicke, die mir oder Freunden passiert sind. Eine Geschichte wirkt besser, wenn der Autor vieles auch selbst erlebt hat. […]
Ich habe ein halbes Jahr an dem Roman geschrieben. Als ich fertig war, fühlte es sich befreiend an. Die Abende waren auf einmal so leer und entspannend. Da dachte ich: Huch, wo ist sie denn? Ich vermisse Ellen, den Schutzengel, und hoffe, dass sie irgendwann noch mal auftaucht.
Durch das Buch bin ich selbstbewusster geworden, glaube ich. Früher dachte ich, es passiert nichts in meinem Leben. Dann habe ich gewonnen. Jetzt bin ich ein bisschen nervös, ob mein Buch ankommt. […]"

1 Kreuzen Sie an, wie Sie in diesem Fall mit den vorgegebenen Materialien umgehen sollen:

- ☐ diejenigen auswählen, die mit Blick auf die Aufgabenstellung sinnvoll sind
- ☐ auf jeden Fall alle Materialien auswerten und verwenden

2 So könnten Sie an die Aufgabe herangehen: Klären Sie folgende Fragen und notieren Sie auf Konzeptpapier:
- Wie ist die Ausgangssituation definiert?
- Über welches Thema soll ich genau schreiben und welche Informationen benötige ich dazu?
- An welchen Adressatenkreis schreibe ich?
- Welches Textformat ist gefragt, und welche sprachlichen und formalen Konventionen verlangt es (► S. 3)?
- Wo soll der Text veröffentlicht werden?

3 Formulieren Sie in Ihrem Kursheft, welches kommunikative Ziel (► S. 3) Sie als Autor/in verfolgen.

2.1 Basistraining

Info **Die textimmanente Analyse**

Bei der **textimmanenten Analyse** eines Sachtextes gehen Sie folgenden Fragen nach:
- Was ist das **Thema** des Textes? Womit beschäftigt er sich?
- Was ist die **Intention** des Textes (▸ S. 5)? Was will die Autorin / der Autor mit dem Text erreichen?
- Um welche **Textsorte** handelt es sich?
- Wie kann man den gedanklichen **Aufbau** des Textes beschreiben? Wie verläuft der **Argumentationsgang?**
- Welche **Darstellungsweisen** (▸ S. 5) werden in welchen Textabschnitten verwendet? Warum wurden gerade diese gewählt?
- Welche **sprachlich-rhetorischen Mittel** (▸ S. 20) verwendet die Autorin / der Autor, mit welcher Absicht?

Aufgabenbeispiel

Analysieren Sie den Artikel *Land der Dichter und Lenker* von Thomas Steinfeld. Berücksichtigen Sie dabei das Thema, den Argumentationsgang und die verwendeten sprachlich-rhetorischen Mittel.

Thomas Steinfeld

Land der Dichter und Lenker (2010)

Es gibt viele Gründe, das Ansinnen der CDU, ein Bekenntnis zur deutschen Sprache ins Grundgesetz aufzunehmen, für einen schlechten Einfall zu halten.

Der erste ist die Verfassung selber: Denn sie ist ja dazu da, die rechtlichen Grundlagen, auf denen Staat und Gesellschaft ruhen, zu formulieren. Als Wunschliste taugt sie nicht, und die Präzedenz, die ein Satz „Die Sprache in der Bundesrepublik ist Deutsch" – der ja ein bloßes Begehren wäre – schaffen würde, ist nicht dazu angetan, den Respekt vor der Verfassung zu mehren. Umgekehrt wäre der deutschen Sprache gewiss nicht geholfen, sollte in der Folge die Verfassungsgerichtsbarkeit über die Einhaltung der Regel wachen. Und wie sollte das auch gehen? Mit Hilfe von Oberlehrern, die mit Tintenpatronen schießen?

Woher die Aufregung, fragen nun die Befürworter des Ansinnens. Norbert Lammert und Wolfgang Bosbach, der eine Bundestagspräsident, der andere stellvertretender Fraktionsvorsitzender der CDU, erklären, es gebe in der Europäischen Union siebzehn Länder, in denen die Landessprache ausdrücklich in der Verfassung genannt sei.

Das mag so sein, ist aber weder ein Argument dafür, dass die Erwähnung „schiere Selbstverständlichkeit" (Norbert Lammert) sei, noch dafür, dass dies nun auch mit der deutschen Sprache geschehen müsse. Denn welcher Nutzen entsteht für die französische Sprache dadurch, dass sie in der Verfassung erwähnt wird? Keiner. Es wird nur deutlich, dass sie den staatlichen Schutz braucht, damit sie ihre Geltung behalten kann – wodurch sich der entsprechende Passus in ein Dokument der Schwäche verwandelt.

Und wozu dient es, wenn die lettische Verfassung einen Paragraphen enthält, der den Abgeordneten des Parlamentes vorschreibt, die „lettische Sprache als einzige Amtssprache zu stärken"? Zur Regelung eines eher unfreundlichen Umgangs mit der russischen Minderheit.

Es bleibt das Argument, es handele sich bei der deutschen Sprache um das „höchste Kulturgut". Aber muss sie deswegen durch die Verfassung geschützt werden? Verglichen mit den anderen europäischen Kultursprachen hat das Deutsche eine einzigartige Entwicklung durchlaufen, die sich bis ins späte neunzehnte Jahrhundert hinein nicht nur durch eine große Ferne zu aller Staatlichkeit, sondern sogar durch deren völlige Abwesenheit auszeichnete.

Das Französische wurde im frühen siebzehnten Jahrhundert durch eine staatliche Instanz, nämlich die Academie française, normiert und hat sich seitdem nur noch wenig entwickelt. Das Englische verfügt seit dem Wörterbuch von Samuel Johnson aus dem Jahr 1755 über eine nicht nur lexikografische, sondern auch grammatische Richtschnur für den Umgang mit dieser Sprache – eng angelehnt an den Dialekt der Metropole. Das Deutsche aber, die Sprache eines Landes ohne Hauptstadt, ohne politische Öffentlichkeit, zerfallen in Dutzende von kleinen und großen Staaten, an deren Höfen französisch gesprochen wurde, besaß nichts dergleichen. Die Entstehung der deutschen Literatursprache, ohne viel Tradition oder historisches Formbewusstsein, gehört zu den Wundern der Kulturgeschichte. Innerhalb von wenigen Jahrzehnten, zwischen 1770 und 1830, entwickelte sie sich aus kulturellen Interessen heraus, unter nur wenigen Schriftstellern und Gelehrten, durchlässig anderen Sprachen gegenüber, durchlässig aber auch in sich selbst, insofern sie sich immer wieder änderte und erst im späten neunzehnten Jahrhundert die Festigkeit gewann, die man für Schule und Amt braucht. Johann Wolfgang Goethes „Werther", abgefasst in einem Deutsch, das keiner je gesprochen, keiner je geschrieben hatte, wurde zum Grundbuch dieser neuen Sprache. Die Hälfte des Wortschatzes soll sich damals neu gebildet haben. Und es waren diese Dichter und Gelehrten, mit denen, jenseits aller Staatlichkeit, die deutsche Sprache in ganz Europa und darüber hinaus zu etwas Interessantem wurde, das man lernte, um daran teilzuhaben: am Streit der Religionen, am philosophischen Idealismus, an der Säkularisierung der protestantischen Theologie in der Literatur, an den entstehenden Naturwissenschaften. Es ist diese Sprache, die wir noch heute, in glücklichen Momenten jedenfalls, benutzen.

Umgekehrt ist es der deutschen Sprache nie gut bekommen, wenn sie in allzu große Nähe zur Politik rückte oder gerückt wurde. Das gilt für den Allgemeinen Deutschen Sprachverein, der sich im frühen „Dritten Reich" als „SA unserer Muttersprache" im Kampf gegen die „Verwelschung" des Wortschatzes empfahl, ebenso wie für die von den Kultusministern durchgesetzte Rechtschreibreform der Jahre von 1996 bis 2006, deren bleibendes Verdienst darin liegt, zwar nichts reformiert, aber so viel Verwirrung gestiftet zu haben, dass die Einheitlichkeit der Orthographie (oder -fie?) in der Praxis aufgehoben ist. [...]

Wie aber, wenn mit der Aufnahme der Sprache in die Verfassung etwas ganz anderes gemeint wäre? „Sprache ist der Schlüssel für Integration in Deutschland schlechthin", sagt Wolfgang Bosbach. „Deswegen ist es auch schlicht falsch, wenn man sagt, das sei eine Ausgrenzung. Im Gegenteil, das ist eine Einladung, sich noch intensiver mit der deutschen Sprache und ihrer Bedeutung für das Zusammenleben der Menschen zu beschäftigen."

Ja, daran mag etwas Wahres sein, und doch wäre der bürokratische Akt, ein Bekenntnis zur deutschen Sprache in die Verfassung zu schreiben, ein ganz und gar ungeeignetes Mittel für diesen Zweck. Denn Amtssprache ist das Deutsche ohnehin.

Wem das nicht genügt, wer also wirklich, wie der saarländische Ministerpräsident Peter Müller, „ein klares Zeichen für die deutsche Sprache" setzen will, der müsste etwas anderes tun, als lauter bürokratischen Akten einen weiteren hinzuzufügen. Er müsste sich um die Attraktivität der Sprache bemühen, darum, was in ihr gesagt wird, und darum, wie es gesagt wird.

Die Wahrheit über die deutsche Sprache aber ist, dass viele Deutsche schon lange nicht mehr auf Deutsch sagen, geschweige denn schreiben können, was sie sagen oder schreiben wollen. Und das ist bei weitem nicht nur ein Phänomen von Unterschichten, sondern auch und gerade der Eliten: Was meint zum Beispiel Frank-Walter Steinmeier, der Außenminister, wenn er öffentlich behauptet: „Jenseits von aktuellen Einzelfällen kommen neue Fragestellungen und Spannungsfelder auf den Menschenrechtsschutz zu?" – will er tatsächlich von zukommenden Feldern und Stellungen reden?

Die Vertreter der Einwanderer aus der Türkei haben recht, wenn sie hinter der „fragwürdigen Bekenntnisrhetorik" eine Wiederkehr der nur scheinbar glücklich ausgestandenen Debatte um die Leitkultur ahnen. Denn ohne Reflexion auf die Sprache selbst, ohne den Willen, an ihr zu arbeiten und sie weiterzuentwickeln, als nur angeblich selbstverständliche formelle Selbstverpflichtung, hat dieses Bekenntnis eine Rückseite, eben doch die Abgrenzung.

Deswegen dient ein Bekenntnis zum Deutschen im Grundgesetz hauptsächlich dazu, Unfrieden zu stiften. Als ob es davon nicht schon genug gäbe.

Fünf Schritte zur Analyse

Erster Schritt: Die Aufgabenstellung verstehen

Tipp **Die Aufgabenstellung mit eigenen Worten formulieren**

Beginnen Sie mit der Bearbeitung der Aufgabe erst, wenn Sie die konkreten Anforderungen erfasst haben: Was müssen Sie tun, um die Aufgabe vollständig zu lösen und eindeutig zu klären? Auf welches Vorwissen können Sie zurückgreifen? Nur so können Sie sicher sein, keinen Punktabzug zu erhalten, weil Sie einen Teilaspekt der Aufgabenstellung übersehen haben.

1 Formulieren Sie die Aufgabenstellung (▸ S. 16) mit eigenen Worten in Ihrem Kursheft.
Schreiben Sie die einzelnen Schritte auf.

Zweiter Schritt: Erstes Textverständnis und Ideen formulieren

1 Die einleitenden Formulierungen der Absätze (siehe Kasten unten) können Ihnen dabei helfen, Vermutungen zu Inhalt, Aufbau und Intention des Textes anzustellen. Vervollständigen Sie davon ausgehend die folgenden Aussagen.

Steinfelds Intention ist es vermutlich, dagegen zu argumentieren, dass ____________________

____

____

Dazu führt er sowohl eigene ____________ *wie auch* ____________ *an, um Letztere*

dann argumentativ zu ____________ *. Hierzu vergleicht er die deutsche Sprache mit*

der ____________ *und zieht als Beispiel auch* ____________ *heran.*

Es gibt viele Gründe, das Ansinnen der CDU, ein Bekenntnis zur deutschen Sprache ins Grundgesetz aufzunehmen, für einen schlechten Einfall zu halten.
Der erste ist ...
Woher die Aufregung, fragen nun ...
Das mag so sein ...
Und wozu dient es ...
Es bleibt das Argument ...
Das Französische wurde ...
Das Deutsche aber ...
Johann Wolfgang Goethes „Werther"...
Umgekehrt ist es der deutschen Sprache nie gut bekommen ...
Wie aber, wenn ...
Ja, daran mag etwas Wahres sein, und doch ...
Die Wahrheit über die deutsche Sprache aber ist ...
Die Vertreter der Einwanderer aus der Türkei haben recht, wenn sie ...
Deswegen dient ein Bekenntnis zum Deutschen im Grundgesetz hauptsächlich dazu ...

2 Lesen Sie den gesamten Text einmal zügig durch (▸ überfliegendes Lesen, S. 6).
Versuchen Sie dabei, die zentralen Aussagen nachzuvollziehen.
Ignorieren Sie zunächst alle Ihnen noch unverständlichen Formulierungen/Textteile.

3 Um sich intensiver in den Text hineinzuarbeiten, ist es wichtig, dass Sie genau benennen, was Ihnen nicht ganz klar ist und welchen Fragen Sie später genauer nachgehen wollen. Die folgenden Anregungen können Ihnen dabei helfen – füllen Sie die Lücken entsprechend den für Sie wichtigen Fragen:

Warum verweist der Autor in Z. ____ auf ____________________________________?

In welchem Zusammenhang stehen die Aussagen/Abschnitte über ____________________

und über ____________________________________?

Welche Funktion haben Steinfelds Ausführungen zum Thema ____________________

____________________________________ im Textzusammenhang?

Tipp **Fragen formulieren**

Eine sorgfältig formulierte Fragestellung ist oft anregender für das Verstehen des Textes als eine Aussage. Achten Sie während Ihrer gesamten Arbeit an einem Text darauf, immer wieder Fragen zu notieren, die Ihnen interessant erscheinen.

Dritter Schritt: Den Text analysieren

1 Schätzen Sie den Schwierigkeitsgrad von Steinfelds Text ein. Kreuzen Sie an und begründen Sie Ihre Entscheidung.

Sehr schwierig						sehr einfach
+3	+2	+1	0	−1	−2	−3
☐	☐	☐	☐	☐	☐	☐

Begründung: ____________________________________

____

Info **Ursachen für Verständnisschwierigkeiten beim Lesen von Sachtexten**

inhaltliche Probleme
Der Gegenstand des Textes ist komplex / mir fremd.
Die Argumentation ist schwer nachvollziehbar.

sprachliche Probleme
unbekannte Begriffe
komplizierter Satzbau

2 Notieren Sie Ideen für Strategien, mit denen Sie sich bei Verständnisproblemen helfen können.

Probleme im Bereich ...	Beispiel und Strategien zur Bewältigung
Wortschatz	
Fremdwörter	*z. B. Präzedenz, Z. 5 → aus dem Kontext ...*
Komposita	*z. B. Verfassungsgerichtsbarkeit, Z. 8 → zusammengesetzte Wörter in ...*
Satzbau	
verschachtelter (hypotaktischer) Satzbau	*z. B. Z. ____ – ____ →*

3 Bevor Sie die folgenden Ausdrücke nachschlagen: Welche von ihnen können oder müssen Sie aus dem Kontext erschließen, welche wollen Sie nachschlagen? Notieren Sie eine Begriffserklärung.

Zeile	Formulierung	Erklärung
4	Wunschliste	
5	Präzedenz	
20	Passus	
28	Kultursprachen	
30	Ferne zu aller Staatlichkeit	
36 f.	Metropole	
52 f.	Säkularisierung	
54	in glücklichen Momenten	
72	Amtssprache	
85 f.	fragwürdige Bekenntnisrhetorik	
87	Leitkultur	

4 Lesen Sie den Text nun aktiv (► S. 9) mit Blick auf die Argumentationsstruktur. Halten Sie dazu fünf verschiedenfarbige Markierstifte bereit. Markieren Sie beim langsamen und sorgfältigen Lesen in unterschiedlichen Farben:
- Thesen,
- Argumente,
- Gegenargumente,
- Entkräftungen von Gegenargumenten,
- Beispiele.

Info **These – Argument – Beispiel**

- Eine **These** ist eine Behauptung, von der die Leser/innen überzeugt werden sollen und die dazu im Textverlauf durch Argumente und Beispiele gestützt wird.
- Ein **Argument** ist eine logische und nachvollziehbare Begründung für eine These, die diese stützen soll.
- Ein **Beispiel** ist ein von der Autorin / vom Autor angeführter konkreter Einzelfall, der die These veranschaulicht.

Tipp **Sparsam markieren**

So können Sie vermeiden, dass Ihre Markierungen unübersichtlich werden:
- nur Schlüsselwörter markieren (statt ganze Sätze),
- eine Textpassage am Rand durch einen Längsstrich hervorheben (statt sie zu unterstreichen).

5 Unterteilen Sie nun den Text in Sinnabschnitte und geben Sie diesen jeweils eine aussagekräftige, treffende Überschrift. Vervollständigen Sie die Tabelle.

Abschnitt	Überschrift
Z. 1 f.	*Deutsch ins Grundgesetz – eine schlechte Idee*
Z. 3–10	*Das Grundgesetz – der falsche Ort für den Schutz der deutschen Sprache*
Z. 11–25	*Wie andere Länder ihre Sprachen in der Verfassung schützen – ein Zeichen der Schwäche, ein Vorwand für Missbrauch*
Z. 26–55	
Z. 56–63	
Z. 64–69	
Z. 70–84	
Z. 85–92	

6 Wählen Sie zwei Abschnitte aus, die Ihnen besonders komplex erscheinen, und formulieren Sie zu diesen jeweils eine kurze Zusammenfassung in Ihr Kursheft. Achten Sie darauf, in eigenen Worten zu formulieren – nur so können Sie sicher sein, das Gelesene auch wirklich verstanden zu haben.

Info **Den gesamten Text rekapitulieren**

In diesem wichtigsten Arbeitsschritt untersuchen Sie den Text in seiner Gesamtwirkung. Sie führen hier Ihre bisherigen Ergebnisse zusammen und beziehen sie aufeinander.

- Beginnen Sie dazu mit dem Erfassen der **argumentativen Struktur.**
- Sie haben die einzelnen **Sinnabschnitte** im fünften Schritt der „Erweiterten Fünf-Schritt-Lesemethode" (► S. 9) bereits erfasst. Nun müssen Sie deren **Funktion im Gesamtzusammenhang** des Textes bestimmen.

7 Übernehmen Sie die Tabelle in Ihr Kursheft.
Benennen Sie die einzelnen Sinnabschnitte entsprechend ihrer Funktion im Textzusammenhang.
Ergänzen Sie in Stichworten, worin diese Funktion besteht.

Sinnabschnitt	Funktion
zentrale These (Z. 1 f.)	*Positionierung des Autors, Orientierung der Leser/innen*
Argument (Z. 3–10)	*die Gegenposition als realitätsfern …*
Gegenargument (Z. 11–14)	*…*

Info **Inhalte strukturiert und visualisiert wiedergeben**

Vor allem bei Texten mit komplexer Struktur ist es sinnvoll, deren Aufbau in Form einer Grafik darzustellen. Dies hat mehrere Vorteile:

- Sie zwingen sich selbst, den gedanklichen Aufbau „auf den Punkt" zu bringen, und können so feststellen, wo Sie noch unsicher sind.
- Die übersichtliche Form hilft Ihnen bei einer späteren Wiederholung (z. B. bei der Klausur- oder Abiturvorbereitung) und dient auch als Leitfaden für die Verschriftlichung Ihrer Gedanken in einer Klausur.

Es gibt **verschiedene Verfahren, Informationen strukturiert wiederzugeben,** z. B.:

- strukturierte, gegliederte Liste,
- Mindmap,
- Tabelle,
- Flussdiagramm (aus einem oder mehreren Strängen),
- Strukturdiagramm.

Nicht jede Visualisierung ist für jeden Zweck geeignet. Wenn Sie einen Ablauf darstellen wollen – also einen zeitlichen Zusammenhang –, eignet sich zum Beispiel ein Flussdiagramm. Wenn es Ihnen um inhaltliche Zusammenhänge geht, ist etwa ein Strukturdiagramm besser geeignet.

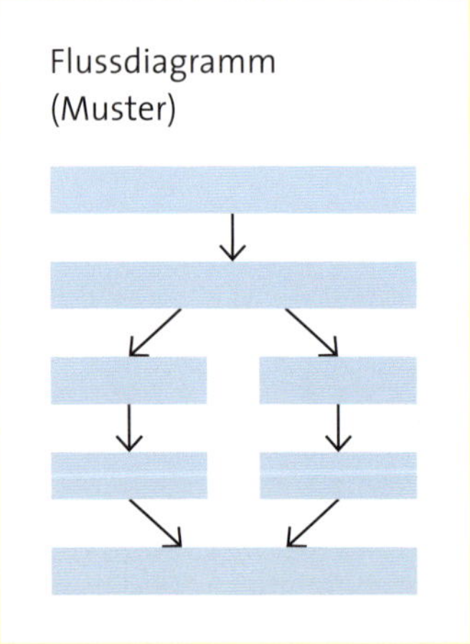

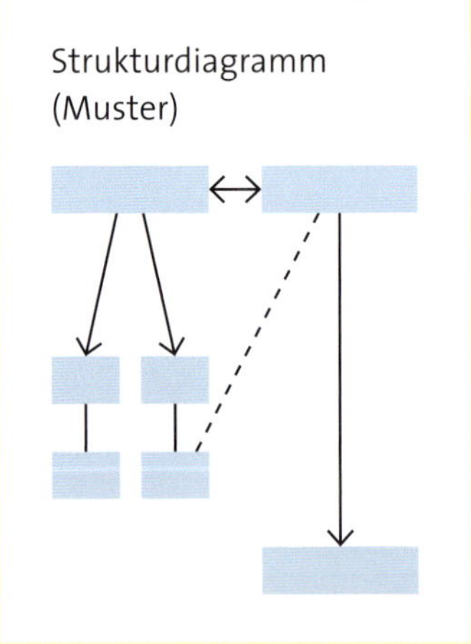

Wichtig: Achten Sie bei Visualisierungen darauf, dass sie nicht unübersichtlich werden.

8 Wählen Sie für Steinfelds Text eine geeignete Form der Visualisierung aus.
Halten Sie den Textinhalt stichwortartig in visualisierter Form fest.

Thomas Steinfeld: Land der Dichter und Lenker

9 Lesen Sie den Text nun nochmals aktiv, diesmal mit Blick auf seine sprachlich-rhetorische Gestaltung.
- Benutzen Sie einen Schreibstift. Unterstreichen Sie Stellen, an denen Ihnen sprachlich-rhetorische Mittel auffallen, und notieren Sie am Rand ihre Bezeichnung. Nutzen Sie den Infokasten unten.
- Wenn ein bestimmter Aspekt häufig im Text vorkommt, unterstreichen Sie diesen nicht immer wieder, sondern notieren ihn stattdessen unter dem Text und fügen Zeilenangaben hinzu.

10 Können Sie die folgenden sprachlich-rhetorischen Mittel im Text finden?
Markieren Sie sie. Nutzen Sie den Infokasten.

Metapher • Parallelismus • Personifikation • rhetorische Frage • Wortspiel •
Konjunktion • Satzart • Satzbau • Stilebene/Registerwahl • Konnotation

Info **Sprachlich-rhetorische Mittel**

sprachliches Mittel	Erklärung	Beispiel
Anapher	Wiederholung von einem oder mehreren Wörtern am Satz- oder Versanfang	*Sie erkannte das Problem. Sie erkannte auch dessen Tragweite.*
Antithese	Gegenüberstellung gegensätzlicher Begriffe	*dumm und gerissen zugleich*
Aufzählung	Aneinanderreihung (von gleichartigen Satzteilen)	*Ein Grund ist ..., ein anderer ist ...*
Inversion	Umkehrung der üblichen Folge der Satzglieder; meist wird etwas zur Betonung an den Satzanfang gerückt	*Vollkommen unehrlich hat sich dieser Politiker verhalten.*
Klimax	steigernde Zuspitzung, oft in drei Schritten	*Ich kam, ich sah, ich siegte.*
Konjunktion	Bindewort, das den Sinnzusammenhang verdeutlicht	*somit, deswegen, trotzdem ...*
Konnotation	Bedeutung, die bei einem Wort mitschwingt	*Feuer – wärmend, vernichtend ...*
Metapher	bildhafte Bedeutungsübertragung	*das Feuer seiner Rede, Wutgebell*
Parallelismus	Wiederholung einer Satzstruktur	*Sie ritten zum Strand, sie sprangen ins Wasser, sie schwammen los.*
Personifikation	Darstellung einer abstrakten Idee oder einer unbelebten Sache als menschenähnlich	*ihre Seele bäumte sich auf; das Meer lächelte*
Rhetorische Frage	Scheinfrage, die nur eine sinnvolle Antwort zulässt	*Hältst du das wirklich für klug?*
Satzbau	parataktisch: Aneinanderreihung von Hauptsätzen hypotaktisch: Satzgefüge mit vielen Nebensätzen	
Satzarten	Aussage-, Frage- und Befehlssatz	*Machen Sie sich das einmal klar!*
Stilebene/Registerwahl	Wahl von Sprechweise/Stil; auch bewusster Wechsel des Registers, z.B. Einfügen umgangssprachlicher Begriffe	*Für all diese Versäumnisse musste schließlich jemand die Zeche zahlen.*
Vergleich	Verknüpfung zweier Bedeutungsbereiche durch ein Vergleichswort *(wie, gleich)*	*mutig wie eine Löwe; gleich einem Engel*
Wortspiel	bewusstes Spiel mit mehreren Wortbedeutungen	*Die Form des Gedichts ist eher ein Förmchen.*

11 a Untersuchen Sie die folgenden Bilder mit Blick auf ihre Wirkungsabsichten:
- Benennen Sie Bild- und Sachebene (Ein Beispiel: Bildebene: *die Spitze des Eisbergs* → Sachebene: der kleine, erkennbare Teil eines viel größeren Problems).
- Erklären Sie in Stichworten die Konnotationen und Assoziationen des Bildbereichs.
- Erläutern Sie, wozu sie dem Autor im Zusammenhang seiner Argumentation dienen.

die mit Tintenpatronen schießen (Z. 9f.):

durchlässig anderen Sprachen gegenüber, durchlässig aber auch in sich selbst (Z. 44f.):

b Wählen Sie ein weiteres Bild aus dem Text und notieren Sie in Stichworten Ihre Untersuchungsergebnisse.

Tipp **Gestaltungsmittel und ihre Funktion genau beschreiben**

Beschreiben Sie nicht nur, *wie* die Autorin / der Autor den Text gestaltet, sondern reflektieren Sie auch, *warum* sie/er dies *auf gerade diese Weise* tut. Um das herauszufinden, kann es hilfreich sein zu fragen, welche Wirkung durch eine andere Gestaltungsweise erzielt worden wäre – und warum stattdessen die vorliegende gewählt wurde.
Es reicht also nicht aus, die rhetorischen Mittel und ihre jeweilige Funktion/Wirkungsabsicht nur allgemein zu benennen („so kann sich der Leser das besser vorstellen"). Versuchen Sie, **möglichst genau** zu beschreiben, **warum** die Autorin / der Autor ein bestimmtes Gestaltungsmittel **an dieser Stelle** im Text verwendet.

12 Wählen Sie unter den von Ihnen im Text gefundenen rhetorischen Gestaltungsmitteln zwei weitere aus und erläutern Sie möglichst präzise deren jeweilige Funktion. Die folgenden Formulierungsbausteine können Ihnen dabei helfen.

Formulierungsbausteine

- *einen Gedanken veranschaulichen durch ...*
- *anspielen auf ...*
- *den Aufbau der Argumentation verdeutlichen*
- *einen Wendepunkt in der Argumentation markieren*
- *die Dringlichkeit einer Forderung unterstreichen*
- *ein Gegenargument ad absurdum führen*

Vierter Schritt: Den Schreibplan erstellen und den Text schreiben

Info **Der Schreibplan**

Nachdem Sie den Text sorgfältig analysiert und Ihre Ergebnisse festgehalten haben, geht es nun ans Formulieren Ihrer Klausur. Im **Schreibplan** notieren Sie Ihre bisherigen Arbeitsergebnisse geordnet. Damit behalten Sie bei der Niederschrift den Überblick und vergessen nichts Wichtiges.
Beim Erstellen des Schreibplans können Sie außerdem nochmals überprüfen:

- Sind Ihre Ergebnisse schlüssig?
- Haben Sie Dinge herausgefunden, die jede/r nach einmaligem Lesen erkennen würde? Oder sind Sie zu Ergebnissen gekommen, die zum Nachdenken über den Text anregen und die überzeugen?

1 Klären Sie den Aufbau Ihres Textes: Ordnen Sie die Aspekte aus dem Wortspeicher in einer sinnvollen Reihenfolge.

Einleitung

Angaben zu … ____________________

____

____

Hauptteil

____

____

____

____

____

____

Schluss

____

____

____

Wirkungsabsicht des Textes
knappe Zusammenfassung des Inhalts
Angaben zu Autor, Titel, Textsorte und Jahr
Argumente
These
Wirkung der sprachlichen Mittel
knappe Zusammenfassung der Untersuchungsergebnisse
sprachliche Gestaltung
Stellungnahme zur Argumentation

2 Notieren Sie neben den einzelnen Teilen des Schreibplans, mit welchen Aufgaben in diesem Heft Sie dafür schon Vorarbeit geleistet haben, z. B.:
Argumente: S. 20, Aufg. 4, S. …

Formulieren Sie nun Ihre Analyse Schritt für Schritt in Ihrem Kursheft aus:

Die Einleitung

Info **Die Einleitung**

Die **Einleitung** nennt im ersten Satz **Autor/in, Textsorte, Titel** und **Erscheinungsjahr.** Fassen Sie dann den **Textinhalt** knapp zusammen und skizzieren Sie den **Aufbau.**
Achtung: Beschreiben Sie an dieser Stelle noch nicht den Argumentationsgang, sondern stellen Sie lediglich die wichtigsten inhaltlichen Elemente in ihrem Zusammenhang dar.

3 Bestimmen Sie für die Formulierung der Einleitung Ihrer Analyse die Textsorte: Zu welcher der folgenden drei journalistischen Textformen zählen Sie den Text? Begründen Sie Ihre Antwort.

	Journalistische Textformen der Meinungsäußerung
☐	**Leitartikel:** Die Verfasserin / Der Verfasser beschäftigt sich weniger mit Tagesaktuellem als mit Entwicklungen und Trends. Dabei wird die Meinung der gesamten Redaktion / des Mediums wiedergegeben.
☐	**Kommentar:** argumentativ vorgetragene Meinung einer Verfasserin / eines Verfassers zu einem (tages-) aktuellen Sachverhalt, über den in den Medien bereits an anderer Stelle berichtet wurde
☐	**Glosse:** kurzer, stark zuspitzender Meinungsbeitrag, in dem Wert gelegt wird auf pointierte Formulierungen, Wortspiele und die Verwendung rhetorischer Mittel; oft heiter-ironischer Grundton

Begründung: ____________________

____

____

____

____

4 An der Benennung des Textthemas wird bereits deutlich, ob Sie die Grundaussage des Textes verstanden haben.
a Wählen Sie aus den folgenden Formulierungsvorschlägen den, der Ihnen am treffendsten erscheint:

		... „Land der Dichter und Lenker" von Thomas Steinfeld aus dem Jahr 2010 ...
☐	A	... befasst sich mit der Schutzbedürftigkeit der deutschen Sprache.
☐	B	... thematisiert die Kontroverse um die Aufnahme eines Bekenntnisses zur deutschen Sprache ins Grundgesetz und bezieht dazu Stellung.
☐	C	... stellt verschiedene Standpunkte zum Thema „Sprachpflege" dar und vergleicht sie miteinander.
☐	D	... hat die Sonderstellung der deutschen Sprache in Europa zum Thema und erläutert diese.
☐	E	... erläutert, warum die deutsche Sprache nicht gesetzlich geschützt werden muss.

b Formulieren Sie den Satz in Ihrem Kursheft aus. Benennen Sie dabei auch die Textsorte (▸ Aufg. 3).

5 Fassen Sie den Textinhalt und den Aufbau in vier Sätzen in Ihrem Kursheft zusammen.
Verwenden Sie möglichst keine Formulierungen aus dem Text, sondern eigene Worte.
Diese Umformulierung ist eine wesentliche Leistung, die in Klausuren verlangt wird.

Der Hauptteil

Info **Der Hauptteil**

Im **Hauptteil** stellen Sie die Ergebnisse Ihrer inhaltlichen und formalen Analyse ausführlich dar und erläutern sie.

- **Ordnen** Sie sinnvoll: Listen Sie nicht unzusammenhängend einzelne Befunde auf, sondern ordnen Sie Ihre wichtigsten Gedanken in fallender Gewichtung (das Ihnen am wichtigsten Erscheinende zuerst).
- **Belegen** Sie Ihre Ausführungen anhand des Textes.
- **Formulieren** Sie sorgfältig:
  - Ihre Gedanken zum Text sollten klar und eindeutig ausgeführt sein.
  - Für eine Analyseaufgabe ist ein sachlicher Ton unerlässlich; vermeiden Sie Umgangssprache und bildliche Ausdrücke genauso wie eigene Bewertungen.

6 Formulieren Sie den Hauptteil Ihrer Analyse im Kursheft.
Nutzen Sie Ihre Vorarbeit sowie die Formulierungsbausteine.

Formulierungsbausteine **Den Hauptteil formulieren**

- **Zu den Thesen:**
  - *Die zentrale These des Autors wird bereits ... deutlich: ...*
  - *Er bezieht sich hierbei auf ...*
  - *Damit positioniert er sich in der Kontroverse um ..., insofern er... / indem er ...*
- **Zur Nachzeichnung des Argumentationsgangs:**
  - *Der persuasive Charakter des Textes lässt sich an mehreren Stellen deutlich erkennen, so z. B. ...*
  - *Zur Stützung seiner These führt der Autor eine Reihe von Argumenten an.*
  - *Eine wichtige Rolle in seiner Argumentation spielt folgendes Faktenargument: ...*
  - *Zudem beruft er sich auf eine Autorität, wenn er auf ... verweist, um ...*
  - *Das Gegenargument, dass ..., stellt er ausführlich/knapp dar, um es dann durch folgenden Einwand / folgendes Faktenargument zu entkräften: ...*
  - *Er führt das Gegenargument ... ad absurdum, indem er ...*
  - *Indem er eine Analogie zu ... aufstellt, verdeutlicht er ...*
  - *Er kontrastiert ... mit .... Damit ...*
  - *Schließlich verweist er auf eine mögliche versteckte Motivation der Vertreter des Gegenstandpunktes: ...*
  - *Er zieht daraus den Schluss, dass ...*
- **Zu den sprachlich-rhetorischen Gestaltungsmitteln:**
  - *Der Autor bedient sich eines überwiegend sachlichen / manchmal polemischen Stils. Dies wird unter anderem deutlich, wenn er ...*
  - *Er wendet sich direkt an die Leser/innen (Z. ...), um ...*
  - *Durch die häufige Verwendung von Konjunktionen am Satzanfang erweckt er den Eindruck, dass ...*
  - *Mehrere sprachliche Bilder veranschaulichen sein Anliegen: ...*
  - *Dieses Bild weckt beim Lesen die Assoziation, dass ...*
  - *Die Verwendung negativ konnotierter Begriffe wie ... bewirkt, dass ...*
  - *Wenn der Autor hier, im Gegensatz zum übrigen Text, zu einem parataktischen Satzbau wechselt, bewirkt dies ...*
  - *Die Aufzählung verschiedener ... lässt die Leser/innen überlegen, ob ...*
  - *Zu den Wirkungsabsichten / zur Zielgruppe: ...*
  - *Mit seinem Text wendet sich der Autor offensichtlich an ...*
  - *Dass dies seine Zielgruppe ist, wird deutlich an ... / kann man daraus schließen, dass ...*
  - *Er möchte erreichen, dass ...*
  - *Die Leserin / Der Leser sollte sich fragen, ob/inwiefern/warum ...*
  - *Sie/Er sollte die intuitive erste Reaktion hinterfragen und stattdessen ...*
  - *Viel erreicht wäre laut Steinfeld, wenn ...*

Der Schluss

Info **Der Schluss**

Der **Schluss** Ihrer Analyse sollte die folgenden Aspekte enthalten:

- **Knappe Zusammenfassung** der wichtigsten Befunde: Was haben Sie herausgefunden?
- **Einordnung der Befunde:**
  - In welchem Verhältnis steht der Text thematisch zu ähnlichen Texten, die Ihnen aus dem Unterricht bekannt sind?
  - Welche ähnlichen oder kontrastierenden Meinungen zum Thema kennen Sie?

  Listen Sie nicht alle Ihnen bekannten Sichtweisen auf, sondern beziehen Sie den Standpunkt der Autorin / des Autors auf ein oder zwei Theorien bzw. Forderungen, die Sie in einen sinnvollen Zusammenhang (vergleichbar oder kontrastierend) mit ihren/seinen Ansichten bringen. Geben Sie nur einen allgemeinen Überblick, verlieren Sie sich nicht in Details!
- **Bewertung:**
  - Wie überzeugend erscheinen Ihnen die Ausführungen der Autorin / des Autors?

  Formulieren Sie auch hier nur einige grundlegende Sätze, die Ihren eigenen Standpunkt zu den Thesen und Argumenten der Autorin / des Autors umreißen.
  Wichtig: **Begründen** Sie Ihre Meinung mit einem eigenen Argument/Beispiel.
- **Ausblick:** Welche weiteren Fragen und Überlegungen ergeben sich (denen Sie jedoch nicht mehr nachgehen)?

7 Notieren Sie in Stichworten Ihre Ideen für den Schluss.

____

____

____

____

____

____

____

8 Formulieren Sie den Schluss in Ihrem Kursheft aus.
Nutzen Sie die Formulierungsbausteine.

Formulierungsbausteine **Den Schluss formulieren**

- *Alles in allem ergibt die Analyse des Textauszugs, dass ...*
- *Zusammenfassend lässt sich feststellen, dass ...*
- *Im Gegensatz zu ... gehen andere Autoren davon aus, dass ... / Auch andere Autoren ...*
- *Im Wesentlichen stimme ich den Ausführungen der Autorin / des Autors zu. Ich glaube ebenfalls, dass ...*
- *Insbesondere überzeugt mich ihr/sein Verweis auf ... / das Argument, dass ... Denn ...*
- *Die Positionen der Autorin / des Autors finde ich wenig überzeugend. Das gilt insbesondere für ... Denn ...*
- *Eine Schwachstelle in der Argumentation ist meiner Meinung nach die Behauptung, ... / der Vergleich ...*
- *Die von der Autorin / vom Autor gezogene Schlussfolgerung, dass ... , scheint mir problematisch zu sein: ...*

Fünfter Schritt: Den eigenen Text überarbeiten

Checkliste Checkliste zur Sachtextanalyse

		10 = voll erfüllt, 0 = gar nicht erfüllt ↓	Verbesserungsidee
Einleitung			
	Textvorstellung: Werden Autor/in, Titel, Textsorte, Erscheinungsjahr, Medium genannt? **Kontext:** Wird der Zusammenhang erklärt, in dem der Text steht? Wird die Fragestellung deutlich? **Inhaltsübersicht:** Gibt es eine kurze Übersicht über den Inhalt und Aufbau des Textes?		
Hauptteil			
Thesen	Werden die Kernaussagen des Textes mit eigenen Worten wiedergegeben? Wurde indirekte Rede verwendet?		
Argumentationsgang	Ist der Gedankengang klar nachgezeichnet?		
Sprache	**Bewertung:** Wird deutlich, wo der Text mit auf- und abwertenden Wörtern arbeitet – und warum? **Sprachstil:** Wird der Sprachstil oder ggf. die Mischung von Sprachstilen beschrieben? **Rhetorische Mittel:** Werden rhetorische Mittel genannt und in ihrer Funktion beschrieben?		
Wirkungsabsicht/ Adressat	Gibt es Hinweise auf die Wirkungsabsicht des Autors? Wird eine bestimmte Adressatengruppe angesprochen?		
Schluss			
	Findet **abschließend** eine kritische Bewertung oder Einordnung statt?		

1 a Bewerten Sie in der mittleren Spalte, inwiefern Sie die Aspekte in Ihrem Aufsatz erfüllt haben. Notieren Sie Verbesserungsideen in der rechten Spalte.

b Überarbeiten Sie anschließend Ihren Aufsatz.

2.2 Der Brief – Textsorte und sprachliche Besonderheiten untersuchen

1 Im Zeitalter der digitalen Kommunikation ist das Schreiben von privaten Briefen eine selten gewordene Kommunikationsform. Bevor Sie im Folgenden einen literarischen Brief analysieren, führen Sie sich zunächst die Besonderheiten dieser Textsorte vor Augen.
Machen Sie sich im Kursheft stichwortartig Notizen zu folgenden Überlegungen:
- Warum schreibt heute jemand einen Brief?
  Was ist an der heutigen Situation eines Briefschreibers und -empfängers anders als vor 180 Jahren?
- Briefe waren im 19. Jahrhundert Tage oder gar Wochen unterwegs.
  Wie beeinflusste das wohl den Schreib- und den Leseprozess?
  Welche Auswirkungen hatte dies auf den Inhalt und die Form von Briefen?
- Im Deutschunterricht untersuchen Sie Briefe berühmter Autorinnen/Autoren – warum?

Georg Büchner (1813–1837)

An die Braut Minna Jaeglé

Gießen, um den 9.–12. März 1834

Hier ist kein Berg, wo die Aussicht frei ist. Hügel hinter Hügel und breite Täler, eine hohe Mittelmäßigkeit in allem; ich kann mich nicht an diese Natur gewöhnen und die Stadt ist abscheulich. Bei uns ist Frühling, ich kann deinen Veilchenstrauß immer ersetzen, er ist unsterblich wie der Lama. Lieb Kind, was macht denn die gute Stadt Straßburg? Es geht dort allerlei vor, und du sagst kein Wort davon. Je baise les petites mains, en goûtant les souvenirs doux de Strasbourg. – „Prouve-moi que tu m'aimes encore beaucoup en me donnant bientôt des nouvelles."[1] Und ich ließ dich warten! Schon seit einigen Tagen nehme ich jeden Augenblick die Feder in die Hand, aber es war mir unmöglich, nur ein Wort zu schreiben. Ich studiere die Geschichte der Revolution. Ich fühlte mich wie zernichtet unter dem grässlichen Fatalismus[2] der Geschichte. Ich finde in der Menschennatur eine entsetzliche Gleichheit, in den menschlichen Verhältnissen eine unabwendbare Gewalt, allen und keinem verliehen. Der Einzelne nur Schaum auf der Welle, die Größe ein bloßer Zufall, die Herrschaft des Genies ein Puppenspiel, ein lächerliches Ringen gegen ein ehernes Gesetz, es zu erkennen das Höchste, es zu beherrschen unmöglich. Es fällt mir nicht mehr ein, vor den Paradegäulen und Eckstehern der Geschichte mich zu bücken. Ich gewöhnte mein Auge ans Blut. Aber ich bin kein Guillotinenmesser. Das *muss* ist eins von den Verdammungsworten, womit der Mensch getauft worden. Der Ausspruch: Es muss ja Ärgernis kommen, aber wehe dem, durch den es kommt, – ist schauderhaft.[3] Was ist das, was in uns lügt, mordet, stiehlt? Ich mag dem Gedanken nicht weiter nachgehen. Könnte ich aber dies kalte und gemarterte Herz an deine Brust legen! [...]. Ich verwünsche meine Gesundheit. Ich glühte, das Fieber bedeckte mich mit Küssen und umschlang mich wie der Arm der Geliebten. Die Finsternis wogte über mir, mein Herz schwoll in unendlicher Sehnsucht, es drangen Sterne durch das Dunkel, und Hände und Lippen bückten sich nieder. Und jetzt? Und sonst? Ich habe nicht einmal die Wollust des Schmerzes und des Sehnens. Seit ich über die Rheinbrücke ging, bin ich wie in mir vernichtet, ein einzelnes Gefühl taucht nicht in mir auf. Ich bin ein Automat; die Seele ist mir genommen. Ostern ist noch mein einziger Trost; ich habe Verwandte bei Landau, ihre Einladung und die Erlaubnis, sie zu besuchen. Ich habe die Reise schon tausendmal gemacht und werde nicht müde. – Du frägst mich: Sehnst du dich nach mir? Nennst du's Sehnen, wenn man nur in einem Punkt leben kann und wenn man davongerissen ist, und dann nur noch das Gefühl seines Elends hat? Gib mir doch Antwort. Sind meine Lippen so kalt? [...]

1 **Übersetzung:** Ich küsse deine kleinen Hände und genieße diese süßen Erinnerungen an Straßburg. – „Schwöre mir, dass du mich immer noch von Herzen liebst und mir bald Neues berichtest."
2 **Fatalismus:** Glaube an ein vorherbestimmtes Schicksal; Unmöglichkeit eigener freier Entscheidungen
3 **Zitat:** Büchner zitiert hier das Lukas-Evangelium des Neuen Testaments, Kap. 17, 1–3: Jesus sagt seinen Jüngern: „Es ist unvermeidbar, dass Ärgernisse kommen, aber wehe dem, durch den sie kommen! Es wäre besser für ihn, er würde mit einem Mühlstein um den Hals ins Meer geworfen, als dass er einen einfachen Menschen vom Glauben abbringt."

Info **Briefe**

(Literarische) **Briefe** spielten für die Verfasser eine wichtige Rolle: Oft reflektierten sie darin ihr Schreiben und setzten es in Beziehung zu privaten Erlebnissen und Erfahrungen. Verfasser/in und Adressat/in standen schriftlich in einer Art zeitversetztem Dialog. Bei der Analyse sollten Sie berücksichtigen:

- die Klärung Ihnen unbekannter **Wörter/Wortbedeutungen,**
- den **biografischen, sozialen, geschichtlichen Kontext** (Hintergrund) des Briefes,
- die **Kommunikationssituation** (Entstehungskontext des Briefes, Adressat/in),
- die **sprachliche Gestaltung,**
- den **Zusammenhang mit dem Werk des Autors,** an das der Brief gegebenenfalls inhaltlich und/oder biografisch anknüpft.

Annäherung an den Text

1 Lesen Sie den Brief sorgfältig. Markieren Sie im Text unklare Begriffe und klären Sie ihre Bedeutung.

2 Machen Sie sich – wie bei der Analyse jedes Textes – zunächst Ihre Vorkenntnisse zum Thema bewusst. Vergegenwärtigen Sie sich, was Sie über Georg Büchner und seine Werke im Unterricht erfahren haben. Informieren Sie sich bei Bedarf im Infokasten auf Seite 32 über Büchner.
Gehen Sie den Brief dann nochmals durch und markieren Sie Textstellen, an denen Sie mögliche Bezüge zu diesem Vorwissen erkennen.

3 Fassen Sie die Sinnabschnitte des Brieftextes in Stichworten zusammen.
Achten Sie darauf, wörtliche Formulierungen aus dem Text möglichst zu vermeiden.

Sinnabschnitt	Inhalt
Z. 1–4	*Beschreibung der Gießener Landschaft, in der er lebt, als mittelmäßig*
Z. 5–12	*Erinnerung an Straßburg und an die dort lebende Verlobte, melancholische Liebeserklärungen*
Z. 12–23	
Z. 23–31	
Z. 31 ff.	
Z. 33–43	
Z. 43–46	
Z. 46–51	

4 Der inhaltliche Aufbau des Briefes ist von Gegensätzen geprägt.
Bestimmen Sie diese und veranschaulichen Sie den Aufbau in einer Skizze.

Gießen ⟷ *Straßburg*
Fieber ⟷
⟷

Biografische Bezüge untersuchen

Info **Zeittafel zu Georg Büchner**

1831	Büchner beginnt mit 18 Jahren sein Medizinstudium (vergleichende Anatomie) an der Universität Straßburg. Er wohnt beim evangelischen Pfarrer Jakob Jaeglé.
1833	Büchner setzt sich mit französischer Gesellschafts- und Revolutionstheorie auseinander. Im April kommentiert er in einem Brief an seine Eltern den Frankfurter „Wachensturm". Im Juni verspricht er ihnen, „revolutionäre Kinderstreiche" zu unterlassen. Gleichzeitig bekräftigt er, dass die sozialen und politischen Probleme nicht ohne gewaltsamen Konflikt lösbar seien. Im September verlobt er sich heimlich mit Wilhelmine (Minna) Jaeglé und verlässt Straßburg. Er schreibt sich Ende Oktober an der Universität Gießen ein. Im November bricht eine Hirnhautentzündung aus, die unterdrückt wird.
1834	Büchner setzt sein Studium fort und unterhält Kontakte zu Oppositionsgruppen in Süddeutschland. In Hessen wird er Zeuge von ungerechtfertigter Gewalt und Schikanen durch die Obrigkeit. Er leidet unter gesundheitlichen Problemen und unter der Ferne der Verlobten. Im März gründet er die „Gesellschaft für Menschenrechte". Im gleichen Monat schreibt er den „Fatalismus-Brief" (► S. 31) an Minna Jaeglé und den Entwurf für den *Hessischen Landboten*, eine Flugschrift, die die Bevölkerung in Hessen zur Revolution aufruft. Über Ostern besucht er seine Verlobte in Straßburg. Im Juli erscheint der *Hessische Landbote*. Im August werden politische Freunde Büchners verhaftet. Er selbst wird verhört, aber nicht verhaftet. Im September besucht er Minna Jaeglé in Darmstadt.
1835	Für seine geplante Flucht braucht Büchner Geld und schreibt in kurzer Zeit das Drama *Dantons Tod*, das das Scheitern der Französischen Revolution beschreibt. Nach Verhören vor Untersuchungsrichtern flieht Büchner Anfang März aus Darmstadt nach Straßburg.
1837	Büchner lebt mittlerweile in Zürich und hat dort den Doktortitel in Philosophie erhalten. Im Februar erkrankt er schwer an Typhus und stirbt am 19. Februar im Beisein seiner Verlobten.

Kolorierter Stahlstich nach einer Zeichnung von A. Hoffmann (1810–1872), 1835

Straßburg, historische Stadtansicht, um 1830

1 Markieren Sie in der Zeittafel Geschehnisse, die Sie zum Briefinhalt in Bezug setzen können. Überlegen Sie dabei,
- wo sich der Autor zur Zeit des Briefschreibens aufhält,
- warum welche Erlebnisse und Erfahrungen ihn zu dieser Zeit wahrscheinlich prägen,
- auf welche Weise sie dies tun,
- mit welchen Fragen sich der Autor beschäftigt.

2 Formulieren Sie in Ihrem Kursheft einen kurzen Text, in dem Sie Zusammenhänge zwischen den markierten Aspekten einerseits und den Themen und der Stimmung des Briefes andererseits aufzeigen.

Formulierungsbausteine **Briefanalyse**

- *geprägt durch / traumatisiert von / beeinträchtigt durch ...*
- *entsteht sein Interesse an ... / erklärt seine ... / macht sein ... nachvollziehbar*
- *ist beeindruckt von ... / begeistert sich für ...*
- *verabscheut ... / leidet unter ...*
- *zweifelt an ... / fühlt sich hin und her gerissen zwischen ...*
- *wird in seiner Haltung zu ... beeinflusst von ... / steht in Kontakt mit ...*
- *publiziert über ... / setzt sich mit ... auseinander*

3 a Büchners Leben wurde wie das vieler Autorinnen/Autoren durch immer wiederkehrende Themen/Motive bestimmt. Notieren Sie diese stichwortartig.

1) *Reisen/Flucht* ______________________

2) ______________________

3) ______________________

4) ______________________

b Wo tauchen diese Lebensmotive im Brieftext auf? Wie werden sie behandelt? Markieren Sie im Brieftext und notieren Sie Auffälligkeiten in Ihrem Kursheft.

4 Untersuchen Sie einige Briefstellen genauer mit Blick auf ihren Bezug zu Büchners Erfahrungen. Machen Sie sich Notizen zu jeder Textstelle.

Zeilen	Zitat	Bezug zu Lebensereignissen/Erfahrungen
1–3	„Hier ist kein Berg, wo die Aussicht frei ist. [...] eine hohe Mittelmäßigkeit in allem“	
15 f.	„Ich fühlte mich wie zernichtet unter dem grässlichen Fatalismus der Geschichte.“	
21–23	„ein lächerliches Ringen gegen ein ehernes Gesetz, es zu erkennen das Höchste, es zu beherrschen unmöglich“	
23–26	„Es fällt mir nicht mehr ein [...]. Aber ich bin kein Guillotinenmesser.“	
26–28	„Das *muss* ist eins von den Verdammungsworten, womit der Mensch getauft worden.“	
33	„Ich verwünsche meine Gesundheit.“	
50 f.	„Sind meine Lippen so kalt?“	

Info **Der Beziehungsaspekt im Brief**

Von geläufigen literarischen Textsorten wie Roman oder Drama unterscheidet sich der Brief unter anderem dadurch, dass er sich gezielt an eine Person wendet und (meistens, unter anderem) Privates über die Autorin / den Autor mitteilt. Darüber hinaus wurden in Briefen aber immer wieder weit über das Private hinaus allgemeine poetologische, gesellschaftliche, philosophische u.a. Betrachtungen angestellt. Die Briefform diente oft zum (bewussten oder unbewussten) Ausprobieren literarischer Themen und Formulierungen, die möglicherweise später in einem Werk verwendet werden.
Literarische Briefe sind also häufig **doppelt kodiert** und daher auf mehrere Weisen zu lesen.

5 Untersuchen Sie die Stellen im Brief, an denen die Geliebte angesprochen wird oder wo der Autor von seinen Gefühlen für sie spricht. In welchen Fällen geht es Ihrer Meinung nach ausschließlich um die Beziehung der beiden, wo vermischt sich Persönliches mit den weitergehenden Gedanken und Interessen Büchners?

rein auf Beziehung zu Minna bezogen	vermischt mit weitergehenden Gedanken und Interessen	Erläuterung
„[...] ich kann deinen Veilchenstrauß immer ersetzen" (Z. 4 f.)		
	„Lieb Kind, was macht denn [...]	Büchner ist interessiert an den politischen Ereignissen in Straßburg
	„Und ich ließ dich warten! [...] nur ein Wort zu schreiben." (Z. 11–14)	Überleitung zu allgemeiner Schreibkrise, ausgelöst durch Verzweifeln am Menschen

6 Überlegen und formulieren Sie:

a Welche Einwände könnte Minna Jaeglé gegen diesen Brief gehabt haben?

b Was könnte Büchner auf diese Einwände geantwortet haben?

Die sprachliche Gestaltung untersuchen

Info **Sprachliche Gestaltung**

Wie immer, wenn Sie die **sprachliche Form** eines Textes untersuchen, müssen Sie diese auch auf ihre **Funktionen und Wirkungen** hin prüfen. Die Informationen zu sprachlich-rhetorischen Mitteln auf Seite 23 können Ihnen dabei helfen.

1 Besonders auffällig in vielen literarischen Briefen sind die verwendeten sprachlichen Bilder. Indem Sie diese deuten, können Sie vieles erkennen, was nicht direkt ausgesagt wird. Ergänzen Sie hierzu die Tabelle.

Zeilen	Thema	Sprachliche Gestaltung	Funktion/Wirkung
5f.	*Erinnerung an Minnas Liebe durch den „Veilchenstrauß“*	*„unsterblich wie der Lama“: Vergleich*	*deutet späteres Thema der philosophischen Überlegungen an; der Autor ist „nicht ganz bei der Sache“*
19f.	*Fatalismus bei Betrachtung der …*	*„Der Einzelne nur Schaum auf der Welle“: Metapher*	*thematisiert Vergänglichkeit des Menschen / Übermächtigkeit der Natur*
20f.			
26			

2 Benennen und deuten Sie weitere sprachliche Gestaltungsmittel im Brieftext in der folgenden Tabelle.

Zeilen	Gestaltungsmittel	Funktion/Wirkung
14ff.	*Anapher*	
19ff.		
24ff.		
38		

2.3 Die Rede – Argumentationsstrategien und Argumenttypen erkennen

Info **Rede**

Eine Rede hat – anders als zum Beispiel ein Zeitungsartikel – ein reales, direkt angesprochenes **Publikum bzw. Auditorium.** Ein zentraler Aspekt bei der Redeanalyse ist daher die Frage, zu welchem **Anlass** und an welchem **Ort** die Rede gehalten wird und an wen sich die Rednerin / der Redner wendet.
Diese Umstände bestimmen maßgeblich mit, wie die Rede in der Vorbereitung inhaltlich und sprachlich gestaltet wird. Beachten Sie aber auch, dass viele Reden sich nicht ausschließlich an die realen Zuhörer vor Ort wenden, sondern über den Umweg der Übertragung im Fernsehen bzw. Radio oder der schriftlichen Veröffentlichung auch weitere Zielgruppen ansprechen wollen.

1 Im Rahmen einer populärwissenschaftlichen Vortragsreihe nahm der Journalist Hermann Unterstöger, bekannt als Verfasser der „Streiflicht"-Kolumne der Süddeutschen Zeitung, Stellung zu der Befürchtung, die deutsche Sprache verfalle immer mehr. Im Folgenden sind Auszüge dieser Rede abgedruckt.

a Vergegenwärtigen Sie sich, welche Positionen und Argumente Sie zu diesem Thema im Deutschunterricht bereits kennen gelernt haben.

b Formulieren Sie Ihre eigene Position zu diesem Thema in zwei bis drei möglichst präzisen Sätzen.

Hermann Unterstöger

Anglizismen erobern die deutsche Sprache – ist unsere Sprache noch zu retten? (2012)

Meine Damen und Herren,
in Bayern, wo ich herkomme, neigt man zur Wortkargheit, und wenn ich diese Stammeseigenschaft auf die Spitze treiben wollte, müsste ich mein Referat jetzt mit zwei kurzen Wörtern zu Ende bringen: mit einem Nein und mit einem Ja. Das [für diese Vortragsreihe formulierte] Thema lautet: „Anglizismen erobern die deutsche Sprache – ist unsere Sprache noch zu retten?" Es ist dies eine ziemlich kriegerische Vorgabe, der ich ein beherztes „Nein, sie erobern uns nicht – ja, sie ist zu retten" entgegensetze. Tatsächlich steht nämlich, bei allen unbestreitbaren Invasionserfolgen, die Eroberung des Deutschen durch die Anglizismen noch im weiten Feld, und insofern ist es um unsere Sprache auch gar nicht schlecht bestellt. Dass man ein waches Auge – noch besser: ein scharfes Ohr – haben muss, will ich indessen nicht bestreiten. [...]
Man kommt sich bei Sprachwandel respektive Sprachverfall vor wie in der Geschichte vom Hasen und Igel: Wann immer der Hase ins Ziel rennt und etwas Gutes über die Sprache sagen will, hockt der Igel schon da und mault, dass es, wenn es so weitergehe, mit der deutschen Sprache ein schlimmes Ende nehmen werde. Um stellvertretend einen der grimmigsten Igel zu Wort kommen zu lassen, so sei hier Heinrich von Treitschke mit einem Wort zitiert, das auch Eduard Engel an den Beginn seiner bei aller Haarspalterei groß empfundenen „Deutschen Stilkunst" von 1911 setzt:
„Dem Durchschnitt des lebenden Geschlechts gebricht das Sprachgefühl so gänzlich wie keiner anderen Generation seit Lessings Tagen. Ja selbst die Deutschen des 17. Jahrhunderts versündigten sich an ihrer Sprache nicht so frech wie die heutigen. – Die heutigen Barbarismen entspringen der Missachtung, einer Rohheit des Gemüts, die gar nicht mehr weiß, was der Deutsche seiner Muttersprache schuldet."
Treitschke hat das um 1870 herum gesagt, es könnte aber auch erst gestern aus der Chefetage des in Dortmund ansässigen „Vereins Deutsche Sprache" gekommen sein. Sieht man sich die Tirade, der man hundert ähnliche zur Seite stellen könnte, etwas genauer an,

kommt man schnell auf ein Charakteristikum des Sprachverfall-Rituals: Gerügt wird nie die Sprache als solche, sondern ihre Sprecher. Der Verfall ist demnach nichts der Sprache Innewohnendes, auch kein undurchschaubares Fatum. Er ist vielmehr ein Tort[1], welcher der Muttersprache – der Mutter Sprache, wenn man so will – von ihren missratenen Kindern angetan wird. Wobei auch hier wieder etwas sehr Typisches festzustellen ist: Sprachkritik ist in den allermeisten Fällen Fremdkritik, also Kritik am Sprachgebrauch der anderen. Oder haben Sie schon mal jemanden sagen gehört: „Was für ein verwahrlostes Deutsch schreibe ich doch im Vergleich zu meinen Großeltern"? Na, sehen Sie! [...]

Im Faltblatt zu dieser Vortragsreihe ist zu lesen, dass ich der Gelassenheit das Wort reden wolle. Das ist richtig, und da man sich auch bei solchen Vorhaben gern auf Kapazitäten stützt, will ich diejenigen unter Ihnen, die den Aufsatz noch nicht kennen, auf Gottfried Wilhelm Leibnizens „Unvorgreiffliche Gedancken, betreffend die Ausübung und Verbesserung der Teutschen Sprache" hinweisen. Der kleine Traktat ist 1697 entstanden und besticht durch die ruhige Souveränität, mit der Leibniz das Thema abhandelt. Man sollte sich, schreibt er, zwar befleißigen, „das Französische nicht an des Deutschen Stelle zu setzen, wenn das Deutsche ebenso gut, wo nicht besser" ist. Man sollte aber auch den Vorteil sehen, der daraus erwachse, „dass man das deutsche Wort mit dem fremden versetzte und eines zu des anderen Erklärung brauchte". Überhaupt hält es der große Mann für klug, „dem einbrechenden Sturm der fremden Worte sich nicht zwar gänzlich, was vergebens wäre, doch gleichsam lavierend[2] zu widersetzen, bis solcher Sturm vorüber und überwunden". Wer dächte da nicht an Bert Brechts Gedicht über die Entstehung des Buches Tao Te King[3], in dem es heißt, dass „das weiche Wasser in Bewegung / mit der Zeit den mächtigen Stein besiegt". [...]

Die Masse [der fragwürdigen Anglizismen] ist [...] ärgerlich und einschüchternd. Man sollte aber auch nicht übersehen, dass es nur ein vergleichsweise kleiner Teil der deutschen Sprachgemeinschaft ist, der sich auf affige Art und Weise ans Englische anwanzt[4]. Der Großteil der Deutschen verwendet im täglichen Sprachgebrauch keine fünf Prozent aus diesem Sortiment, und wenn er sich vom exotisch verlockenden Beispiel der Affen nicht anstecken lässt, ist die Gefahr der Überfremdung fürs Deutsche gering. Dass die Sprache sich ändert respektive von ihren Sprechern, den Usern, verändert wird, ist eine Tatsache und ein fortlaufender Prozess, seit es Sprachen gibt.

Ich bin mir nicht sicher, ob man die Sprache mit einem Organismus vergleichen darf. Dessen ungeachtet bin ich davon überzeugt, dass Sprachen mit großem Appetit alles Mögliche in sich schlingen, was von Nachbarsprachen kommt. Mögen sie sich auch manchmal den Magen daran verderben, so ist ihr Verdauungsapparat doch in einem so guten Zustand, dass sie nur das Zuträgliche für sich behalten und den Rest nach gutem Organismusbrauch ausscheiden. [...]

Sprache von der Art, die dem Wandel oder in Gottes Namen dem Verfall unterliegt, existiert nur dort, wo geredet oder geschrieben wird, und unter diesem Aspekt könnte man jeden, der redet oder schreibt, als einen kleinen Sprachbildner bezeichnen, als einen Handwerker an der ewigen Baustelle Sprache. Ist man aber erst so weit, fällt es auch nicht mehr schwer, diese Handwerker auf ihre Qualifikation hin abzuklopfen respektive manchen unter ihnen auf den Kopf zuzusagen, dass sie erbärmliche Pfuscher seien und besser etwas anderes trieben. Die Sprachkritiker tun das unentwegt, meistens ohne dafür über stabilere Kriterien zu verfügen als über das – allerdings bärenstarke – subjektive Gefühl, dass ihr Bild vom Bauwerk Sprache das richtige sei. [...]

Wenn man wie ich im Rentenalter ist und die zwei Seelen in seiner Brust nach ihrer Sprachwahrnehmung befragt, bekommt man natürlich auch zwei Antworten, und dass die nicht übereinstimmen, versteht sich – wozu wären zwei Seelen sonst gut. Die eine Seele ist erzkonservativ und macht kein Hehl aus ihrer Überzeugung, wonach die heutige Jugend weder ein funktionierendes Sprachgefühl habe noch das Glück, in Elternhaus oder Schule von diesem Makel befreit zu werden. Sie steht mit dieser Meinung in einer Front mit all den Leuten, die ihre Köpfe wiegen und sagen, die jungen Leute könnten keinen geraden Satz mehr bilden und sprächen im Übrigen einen Slang, bei dem unsere Besten, von Goethe bis Thomas Mann, sich im Grabe umdrehten. Die andere Seele fühlt sich der hilaritas animi verpflichtet, der Heiterkeit des Geistes, was sie unter anderem zu bescheideneren Visionen befähigt. In einem dieser Gesichte[5] sitzen Goethe, Thomas Mann und all die anderen gemütlich beisammen und hören ihre Deutschen reden. Hin und wieder verziehen sie das Gesicht, aber öfter noch nicken sie sich zu, als wollten sie sagen: Geht eigentlich ganz gut weiter.

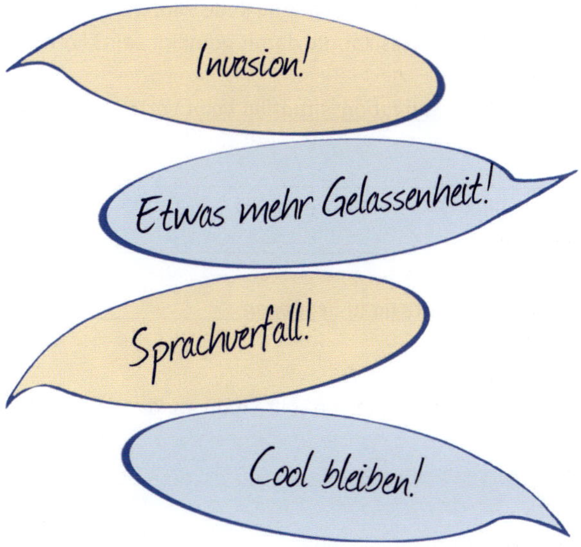

1 **der Tort:** (altertümlich): Kränkung, Verdruss
2 **lavierend:** sich durchschlängelnd, ohne viel Widerstand zu bieten
3 **Tao Te King:** taoistisches Weisheitsbuch
4 **sich anwanzen:** sich anbiedern
5 **das Gesicht:** *hier:* Vision

Die inhaltliche Erschließung

1 Formulieren Sie Unterstögers zentrale Thesen (keine Argumente!) in eigenen Worten. Beschränken Sie sich auf zwei präzise formulierte Sätze.

2 Welche Gegenpositionen zu diesen Thesen werden im Text explizit (ausdrücklich) oder implizit (indirekt, unterschwellig) genannt? Formulieren Sie auch diese in zwei genauen Sätzen sprachlich eigenständig.

3 Formulieren Sie nun in eigenen Worten das Fazit des Redners (ab Z. 115):

Die öffentliche Rede

4 Eine vor Publikum gehaltene Rede wird in der Kommunikationstheorie als „asymmetrische Sprechhandlung" bezeichnet. Was könnte damit gemeint sein? Formulieren Sie Ihre Vermutung.

Die Kommunikationssituation beim Vortrag einer Rede ist insofern asymmetrisch, als

Im Gegensatz dazu liegt beim ______ *eine eher symmetrische Sprechhandlung vor.*

5 Welche Konsequenzen sollte man als Redner/in daraus für die Vorbereitung der Rede ziehen?

Einerseits kann man

Andererseits muss man

Daher sollte man beim Verfassen der Rede darauf achten, dass

Gestaltung einer Rede: Aspekte der Redeanalyse

Info **Strategien der Beeinflussung**

Egal, ob die Intention einer Rednerin / eines Redners vorrangig persuasiv (beeinflussend, überredend) oder argumentativ (überzeugend) ist: Zum Erreichen des Redeziels wird sie/er von einer Reihe von Techniken Gebrauch machen. Diese zu untersuchen und darzustellen ist Ihre Aufgabe bei der Redeanalyse.
Die **Rhetorik** (Redekunst) kennt seit der Antike vielfältige **Strategien der Beeinflussung,** die oft mit der Verwendung **sprachlich-rhetorischer Mittel** verbunden werden. Einige der wichtigsten sind:

- **Aufwertung** des eigenen und **Abwertung** des gegnerischen Standpunktes: durch offenes Lob / offene Kritik, häufiger jedoch unterschwellig durch Wortwahl und sprachliche Bilder,
- **Dramatisierung** von in der Rede beschworenen Gefahren,
- **Beschönigung** oder **Relativierung** problematischer Aspekte des eigenen Standpunktes (z.B. unter Verwendung von Konjunktionen wie *zwar – jedoch*),
- **persönliche Appelle** an die Zuhörer/innen, oft unter gezielter Verwendung entsprechender Personalpronomen *(wir, Sie ...)*, beispielsweise um ein Wir-Gefühl zu erzeugen,
- **Ironie** (auch in Form von Selbstironie) und **Sarkasmus,** die ein Überlegenheitsgefühl gegenüber den Vertretern der Gegenposition erzeugen sollen,
- **rationale Argumentation,** die lösungsorientiert auch Selbstkritik und Möglichkeiten für einen Konsens bzw. für einen Kompromiss beinhaltet.

1 Erläutern Sie die Strategien der Beeinflussung, die in folgenden Passagen von Unterstögers Rede verwendet werden.

Textstelle	Strategien der Beeinflussung
Z. 8–13	
Z. 51–54	
Z. 80–91	
Z. 110–114	

2 Markieren Sie im Text Schlüsselwörter, mit denen der Redner seine Haltung (und die anderer Vertreter seiner Position) kennzeichnet. Ergänzen Sie in der Tabelle.

Textstelle	Schlüsselwörter und ihre Konnotation
Z. 9	*„beherzt" —> positiv konnotiert (mutig, tatkräftig)*
Z. 15 f.	*„waches Auge [...] scharfes Ohr"*
Z. 56	
Z. 63	
Z. 71	

Die argumentative Gestaltung

1 Wie in einer Rede argumentiert wird, macht einen wesentlichen Teil ihrer Überzeugungskraft aus. Überlegen Sie, ohne Unterstögers Rede nochmals zu lesen: An welche Argumente können Sie sich gut erinnern? Warum? Notieren Sie Ihre Einschätzung.

Info **Argumenttypen**

Die Rhetorik kennt eine Vielzahl von Argumenttypen. Für Ihre Redeanalyse sind die geläufigsten ausreichend:

Argumenttyp	Beispiel	Funktion
Faktenargument	„Seit Inkrafttreten des Gesetzes ist die Zahl der Arbeitslosen um zehn Prozent gesunken."	Die These wird durch eine überprüfbare und belegbare Tatsachenaussage gestützt.
Normatives Argument	„Eine Beziehung, die auf Lügen gebaut ist, ist unmoralisch."	Das Argument beruft sich auf Wertmaßstäbe (Normen), die allgemein akzeptiert werden.
Autoritätsargument	„Wie schon Goethe wusste: ..." „Das Bundesverfassungsgericht hat bestätigt, dass ..."	Das Argument nutzt das Ansehen einer Autorität (Person/Instanz), deren Aussage der Stützung des eigenen Standpunktes dienen soll.
Analogisierendes Argument	„Ohne Training kein erfolgreicher Wettkampf – das gilt auch für die Klausurvorbereitung."	Das Argument zieht ein Beispiel aus einem anderen Lebensbereich heran; die These wird durch Parallelisierung von Sachverhalten bekräftigt.
Indirektes Argument	„Die Gegner der Rechtschreibreform klammern sich an veraltete Regeln."	Ein Argument der Gegenseite wird angegriffen. Dadurch soll die eigene These plausibler erscheinen.

2 Vervollständigen Sie die Tabelle.

Textstelle	Argumenttyp	Wirkung/Funktion
Z. 57–74		
Z. 83–85		
Z. 92–100		
Z. 101–114		

Sprachlich-rhetorische Gestaltungsmittel analysieren

Info **Sprachlich-rhetorische Gestaltung**

Die **sprachliche Gestaltung** einschließlich der sprachlich-rhetorischen Mittel sind wichtige Instrumente der Rednerin / des Redners: Die Inhalte sollen überzeugend „transportiert" werden, um die Ziele der Rede zu erreichen.
Die sprachliche Gestaltung ist ausschlaggebend dafür, wie adressatengerecht, ansprechend, verständlich und überzeugend die Inhalte der Rede vermittelt werden. Eine kunstfertige Verwendung sprachlicher Mittel wird oft seitens der Zuhörerschaft als Zeichen für die Klugheit der Rednerin / des Redners gesehen, was wiederum die Überzeugungskraft des Gesagten verstärkt. Umgekehrt ist es bei der Analyse einer Rede wichtig, sich nicht von sprachlich geschickt formulierten Sätzen „blenden" zu lassen, die durch Sprache manipulieren bzw. inhaltliche Schwächen überdecken sollen.
Eine **Übersicht** über häufig verwendete sprachlich-rhetorische Mittel finden Sie auf Seite 23.

1 Überlegen Sie bei jedem Gestaltungsmittel aus Unterstögers Rede, auf das Sie in Ihrer Analyse hinweisen, was es bei der Zuhörerschaft bewirken soll und warum der Redner es gerade an dieser Stelle verwendet. Formulieren Sie Ihr Ergebnis so präzise wie möglich und ergänzen Sie die folgende Tabelle. Beachten Sie den Tipp unten.

Textpassage	Gestaltungsmittel	Funktion/Wirkung
„wenn ich diese Stammeseigenschaft auf die Spitze treiben wollte, müsste ich" (Z. 3f.)	*Konjunktivsatz (Konjunktiv II: Irrealis)*	– *humorvoller Einstieg: Grundton der Rede wird gesetzt* – *radikalisierende Haltung wird auf ironische Weise lächerlich gemacht – wie später die radikale Haltung der gegnerischen Position*
„kriegerische Vorgabe" (Z. 9), „sie erobern uns nicht" (Z. 10), „bei allen unbestreitbaren Invasionserfolgen, die Eroberung des Deutschen durch die Anglizismen" (Z. 11ff.)	…	*erneutes Ironisieren der Radikalität der Gegner; dieser stellt Unterstöger im Folgenden seine eigene behauptete „Gelassenheit" (Z. 56) gegenüber*
„Gerügt wird nie die Sprache als solche, sondern ihre Sprecher." (Z. 43f.)	*Personifizierung*	
„auf affige Art und Weise […] anwanzt" (Z. 82f.)		
„Handwerker an der ewigen Baustelle Sprache" (Z. 105f.)		

Tipp **Die Wirkung sprachlicher Mittel aufzeigen**

Oft werden bei der Analyse zwar sprachlich-rhetorische Mittel aufgezeigt, doch wird ihre Funktion nicht oder zu oberflächlich erklärt („so macht sie deutlich, was sie sagen will", „so kann sich der Zuhörer alles besser vorstellen").
Überlegen Sie stattdessen **genau, welche Wirkung** das untersuchte Gestaltungsmittel haben kann/soll und welche **Beziehung zum Redeinhalt** es hat. Überlegen Sie bei der Verwendung bildhafter Ausdrücke, warum die Autorin / der Autor gerade auf diesen Bildbereich indirekt verweist. Achten Sie auf die in einem Begriff mitschwingenden **Konnotationen** (Nebenbedeutungen, d.h. Assoziationen, Erfahrungen, Empfindungen, z.B.: *Eroberung: Krieg, Gewalt, kämpfen, Unrecht …*)

2.4 Der Essay – Sprachgestaltung und Leserlenkung untersuchen

Info **Der Essay**

Im **Essay** (franz. „Versuch“) stellt die Autorin / der Autor ein Thema in anschaulicher und unterhaltsamer Form dar. Häufig bezieht sie/er dabei Position in einer öffentlichen Debatte. Ebenso wichtig wie die dargestellte Meinung sind die sprachliche Form und der Ton des Essays: Der Essay soll Gedankenanstöße geben und sich dem Thema von verschiedenen Seiten „versuchsweise“ nähern. Der gedankliche Aufbau weist daher keine so strenge Ordnung auf wie Texte mit dem Anspruch wissenschaftlicher Objektivität. Metaphern und weitere sprachlich-rhetorische Gestaltungsmittel sollen den Text ansprechend machen und damit zur Anregung und ggf. zur Überzeugung der Leser/innen beitragen.

Von Max Fellmann

Tipp: Tippen!
Im Internet wird viel nutzloses Zeug geschrieben. Darüber kann man lästern – aber es macht unsere Gesellschaft tatsächlich klüger. (2014)

Natürlich ist es ein Wahnsinn. Natürlich ist es völlig unnötig, dass Millionen von Menschen ununterbrochen das Internet vollschreiben, mit Notizen, Beobachtungen, Sinnsprüchen, Tagebuchgebrabbel und Tiraden aller Art. In einer Studie wurde das ganze Ausmaß vor Kurzem zusammengerechnet: Jeden Tag produzieren wir Internettext, der ungefähr 36 Millionen Büchern entspricht. 400 Millionen Twitter-Mitteilungen. Mehr als eine Million Blog-Einträge, rund zwei Millionen Kommentare allein auf Plattformen wie WordPress. Auf Facebook werden täglich 16 Milliarden Wörter getippt. Macht alles in allem 3,6 Billionen Wörter allein in E-Mails und Social-Media-Botschaften. Eine Größenordnung, die sich schon gar nicht mehr in Regalmeter umrechnen lässt. Es ist ein Wahnsinn – aber es ist gut für uns.

Mehr Schrift als heute war nie in der Welt. Bis in die erste Hälfte des 20. Jahrhunderts hinein war Schreiben ein Zeitvertreib der gebildeten Stände. Erst im Jahrhundert der Bürojobs, der wachsenden Verwaltungen und Konzerne wuchs die Zahl derer, die Tag für Tag mit geschriebenen Wörtern zu tun hatten – und allmählich den Wunsch entwickelten, sich auch selbst auszudrücken.

Der amerikanische Autor Clive Thompson hat gerade in einem Artikel für das US-Magazin *Wired* festgestellt: „Die Tatsache, dass so viele von uns schreiben – ihre Gedanken mit der Welt teilen, egal, ob gut oder schlecht –, verändert unsere Art zu denken. So wie wir in der Öffentlichkeit leben, so denken wir jetzt auch in der Öffentlichkeit.“ Wer im Internet schreibt, erwartet, dass er wahrgenommen wird. Für Mails gilt das sowieso – aber auch Tweets, Facebook-Posts oder Blog-Einträge sind immer verbunden mit der Hoffnung auf Echo.

Das heißt nicht, dass alles, was so ins Internet hineingetippt wird, wertvoll wäre. Im Gegenteil, oft haben die pensionierten Studienräte ja recht, die das Internet als Ort der Komplettverblödung kritisieren. Da mäandern Menschen auf Blogs durch abstruse Gedankenwelten, schimpfen rum oder sammeln abseitiges Fachwissen, ohne dass erkennbar wäre, wozu. Aber ob Absurd-Blog oder Egal-Tweet, in all diesen Fällen setzen sich Menschen hin und formulieren ihre Gedanken. Das heißt, sie zwingen sich, das, was sie sagen wollen, präziser zu fassen, als wenn sie einfach nur gedankenverloren aus dem Fenster starren würden. Heinrich von Kleists ewiggültige Formel von der „allmählichen Verfertigung der Gedanken beim Reden“ müsste heute lauten: Die Gedanken vieler Menschen verfertigen sich, während sie auf einer Computertastatur getippt werden.

Anke Werani, Psycholinguistin an der Universität München, hat mehrere Studien zum Verhältnis von Denken und Sprechen durchgeführt. Ihr Ergebnis: Wenn wir uns artikulieren, denken wir nicht nur klarer, wir lösen auch Probleme besser. Sie sagt: „Wir sprechen in der Psycholinguistik von Materialisierung. Sprache dient als Mittel der Regulation, der Selbststeuerung. Erst wenn ich einen Gedanken formuliert habe, kann ich darüber nachdenken.“

Vor ein paar Jahren wurde an der Vanderbilt University in Nashville ein Versuch mit Kindern durchgeführt: Vier- und Fünfjährige sollten eine Reihe von bunten Bildern betrachten und nennen, welches logischerweise als nächstes kommen müsste. Die erste Gruppe von Kindern riet einfach vor sich hin. In der zweiten sollten die Kinder gleichzeitig ihren Müttern erklären, wie und warum sie auf das nächste Bild kommen. Das Ergebnis: Die Kinder, die formulieren mussten, was ihnen durch den Kopf ging, schnitten weit besser ab.

Wer Blog-Einträge oder Facebook-Posts schreibt, äußert oft Dinge, die er so vielleicht gar nicht aussprechen würde, sei es, weil er niemanden hat, der ihm gerade zuhört, oder weil er sich nicht traut, das Gedachte jemandem ins Gesicht zu sagen. Es ist ein Paradox, das Sozialpsychologen immer wieder fasziniert: Viele äußern sich online in der größtmöglichen Öffentlichkeit – und fühlen sich doch dabei, als befänden sie sich in einem privaten Raum. Der Autor und Blogger Clive Thompson erklärt: „Ein Publikum zu haben, kann das Denken klarer machen. Es ist leicht, einen Streit im eigenen Kopf zu gewinnen. Aber wenn man ein reales Publikum vor sich hat, muss man echt überzeugend sein."

Bleibt die Frage, ab wie vielen Lesern man wirklich von einem Publikum sprechen kann. Zehn? Hundert? Tausend? Mehrere Studien haben ergeben, dass der Effekt der Selbstkontrolle bereits ab einem einzigen Leser einsetzt: Schon dann formuliert und denkt man anders, als wenn man nur vor sich hin denken würde. Es ist wie mit der eigenen Wohnung, 15 Minuten, bevor Besuch kommt: Erst wenn man noch mal kurz mit dem Blick des Gastes durch den Raum schaut, fällt einem auf, was nicht stimmt.

Es gilt also: Je mehr Leute schreiben, umso besser für uns alle. Natürlich können wir als Leser problemlos auf einen riesigen Teil der umgerechnet 36 Millionen Bücher täglich verzichten. Aber dass sie geschrieben werden, ist prinzipiell gut. Für die, die schreiben. Und damit für uns alle. Die Psycholinguistin Anke Werani sagt: „Sprache dient eben nicht nur der Kommunikation, sondern auch dem Denken. Je mehr sie eingesetzt und je mehr auf Qualität geachtet wird, desto besser für die ganze Gesellschaft."

Textwahrnehmung

1 Formulieren Sie nach dem ersten Lesen in zwei bis drei Sätzen, wie die Behandlung des Themas (nicht die Meinung des Autors!) auf Sie wirkt.

2 Notieren Sie inhaltliche und sprachliche Aspekte, die den Text als Essay kennzeichnen (▸ Info S. 42).

inhaltliche Aspekte	sprachliche Aspekte

Inhalt und sprachliche Gestaltung

1 Formulieren Sie das Thema des Essays (nicht den Standpunkt des Autors!) mit eigenen Worten.

____

____

____

____

2 Visualisieren Sie den Inhalt des Essays in einer Mindmap.
Nennen Sie dabei auch Aspekte des Themas, die nicht ausdrücklich im Text erwähnt werden.

______________________ *wird ausformuliert.*

Klärung der eigenen ______________________

Schreiben im Internet ist etwas Positives.

Es hat positive Auswirkungen für ______________________.

____

____

3 In für die Textsorte Essay typischer Weise verwendet der Autor auch übertreibende Formulierungen.
Erläutern Sie deren Wirkung.

Textstelle	Wirkung auf die Leser/innen
„Natürlich ist es ein Wahnsinn." (Z. 1) *„Es ist ein Wahnsinn – aber es ist gut für uns." (Z. 14 f.)*	
„oft haben die pensionierten Studienräte ja recht, die das Internet als Ort der Komplettverblödung kritisieren" (Z. 34–36)	
„Es gilt also: Je mehr Leute schreiben, umso besser für uns alle." (Z. 91 f.)	

4 Der Autor wechselt in seinem Essay an mehreren Stellen das Register und verwendet umgangssprachliche Ausdrücke. Mit welcher Absicht tut er dies? Formulieren Sie Ihre Vermutung.

____

____

____

5 Die im letzten Absatz aufgestellte These, das Schreiben im Internet sei gut „für uns alle", begründet der Autor nur im Ansatz – warum? Formulieren Sie Ihre Vermutung.

____

____

____

6 Inwiefern passt die Offenheit dieser Stelle in der Argumentation zum essayistischen Stil des Textes?

____

____

____

7 Untersuchen Sie die Verwendung sprachlich-rhetorischer Mittel (▸ S. 23).
Erklären Sie ihre Funktion jeweils möglichst präzise in knappen Stichworten.

Textstelle	sprachlich-rhetorische Mittel	Funktion/Wirkung
„Notizen, Beobachtungen, Sinnsprüchen, Tagebuchgebrabbel und Tiraden aller Art" (Z. 3f.)		
„Da mäandern Menschen auf Blogs durch abstruse Gedankenwelten" (Z. 36f.)		
„Es ist wie mit der eigenen Wohnung, 15 Minuten, bevor Besuch kommt: Erst wenn man noch mal kurz mit dem Blick des Gastes durch den Raum schaut, fällt einem auf, was nicht stimmt." (Z. 86–90)		

8 Inwiefern veranschaulicht der Autor mit der Niederschrift dieses Essays seine eigene These?
Machen Sie sich zur Beantwortung dieser Frage zunächst Stichpunkte und formulieren Sie dann einen zusammenhängenden Text in Ihrem Kursheft. Gehen Sie dabei erläuternd auf mehrere Textstellen ein.

Bewertung des Textes

1 Setzen Sie sich in Ihrem Kursheft kritisch mit Max Fellmanns Essay auseinander: An welchen Stellen finden Sie seine Darstellung inhaltlich überzeugend, an welchen sprachlich-rhetorisch ansprechend?
Trennen Sie die beiden Aspekte: Auch da, wo Sie nicht Fellmanns Meinung sind, können Sie die Darstellungsweise als gelungen im Sinne eines essayistischen Stils (amüsant, anregend, provokant, überraschend) bewerten.
Bemühen Sie sich um die genaue Erläuterung Ihrer Bewertungen.

3 Einen Sachtext erörtern

3.1 Basistraining: In fünf Schritten einen Sachtext erörtern

Aufgabenbeispiel

1 Untersuchen Sie den Text von Ingo Fessmann mit Blick auf die Position des Verfassers zur Interpretationsfreiheit einer Regisseurin / eines Regisseurs und die Argumente, mit denen diese vertreten wird.
2 Nehmen Sie unter Einbeziehung Ihrer Kenntnisse aus dem Unterricht Stellung zur Haltung des Autors.

Ingo Fessmann

Ein Urteil fürs Regietheater (2009)
Kein Happy End

Ingo Fessmann ist Anwalt in Berlin und beschäftigt sich maßgeblich mit dem Thema „Theaterbesuchsvertrag". Der vorliegende Text wurde in der Zeitschrift „Theater heute" (Mai 2009) veröffentlicht und bezieht sich auf ein Urteil des Hamburger Amtsgerichts, das entscheiden musste, ob ein die „Werktreue" einer Theateraufführung vermissender Zuschauer nach dem Theaterbesuch von der Bühne das Eintrittsgeld zurückfordern kann oder nicht. Fessmanns Text liegt hier in einer gekürzten Fassung vor.

Worum ging es? In einer Aufführung des Thalia-Theaters von Shakespeares „Viel Lärm um Nichts", entstanden als Koproduktion mit den Salzburger Festspielen, hatte der junge Bühnen-Regisseur nicht nur den Text modernisiert und in die Sprache heutiger Jugendlicher, einer Art Motorrad-Gang, transferiert, sondern ihm auch einen vom Original deutlich abweichenden Schluss gegeben. Statt Happy End und vergnüglicher Auflösung der Komödie geriet dieser nun tragisch. Nicht die fröhliche, das Verwirrspiel zu einem glücklichen Ausgang bringende Doppelhochzeit wird gefeiert, sondern der Regisseur lässt das Stück mit dem Tod eines der Protagonisten enden. [...]

Hier war [...] der Kläger bis zum Ende sitzen geblieben und hatte auch die Aufführungspause verstreichen lassen, ohne etwa Protest zu erheben oder gar seine Geldforderung bereits dort, vor Ort, anzumelden. Doch auch wenn er schon früh „Abweichungen vom Original" bemerkt haben will und meinte, darin sogar eine „durchgehende" Tendenz ausmachen zu können, lag ja die eigentliche, die gravierende Änderung des Stücks erst in dessen szenischem Ende mit dem nunmehr tragischen Handlungsausgang. Erst diese Umgestaltung dürfte in der Tat den Kläger zu seinem Vorgehen bewogen haben. Weshalb denn auch der zum Entscheid angerufene Hamburger Amtsrichter sich eingehend mit dem Fall hat befassen müssen, mehr, als ihm vermutlich lieb war, wobei er sich freilich seine Urteilsfindung [...] alles andere als leicht gemacht hat. Die Entscheidung ist jedenfalls höchst bemerkenswert.

Das Gericht gab dem Theater recht, d. h., es wies die Klage ab. [...]

Dass es den Parteien einschließlich dem Richter im vorliegenden Fall von Anfang an um Grundsätzliches gegangen ist, zeigte sich schon daran, dass der Kläger sich ausführlich auf den Begriff der „Werktreue" berief und darauf, dass Shakespeare „Viel Lärm um Nichts" selber als Komödie bezeichnet hat, nicht als Tragödie. Der Anwalt des verklagten Theaters andererseits stellte gezielt diesen Begriff in Frage, erst recht im Sinne eines Rechtsprinzips. Außerdem: Wie es denn damit bestellt sei, wenn man wirklich allein auf die Entstehungszeit des Stückes abstellt? Die These von der Werktreue konsequent zu Ende gedacht, könnten doch dann Shakespeares Stücke nur von männlichen Darstellern gespielt werden, gekleidet im Stil der elisabethanischen Zeit und gesprochen in einer heute gewiss kaum mehr verständlichen Sprache. Ob der Kläger dies ernsthaft vor Augen habe?

Und der Bühnen-Anwalt fragte noch schärfer, noch grundsätzlicher: Unterstellt, der Kläger bekäme mit seiner Auffassung recht, würde dann nicht umgekehrt diese seine Interpretation die vermutlich ganz andere Stück-Sicht der anderen, der übrigen Zuschauer dominieren und erst recht die des Regisseurs, der sich immerhin (im Gegensatz zu dem bloß passiven Zuschauer) länger mit der Frage beschäftigt habe, wie das Stück auf die Bühne zu bringen, uns Heutigen künstlerisch nahe zu bringen ist? Die Sichtweise des einen Zuschauers wäre dann zumindest gänzlich unangemessen privilegiert gegenüber den Sichtweisen, Stück-Vorstellungen des übrigen Publikums, nicht zu reden davon, dass dann auch die Sichtweise der für die Inszenierung eigentlich Verantwortlichen, des Regisseurs, überflüssig würde. Das aber könne doch wohl kaum der Sinn und der Zweck einer Aufführung sein.

Und in der Tat, sich auf die Werktreue zu berufen und daraus das Gebot einer ausschließlich historisch intendierten Werkinterpretation abzuleiten, widerspricht nicht nur jeglichen in der Kunst und der Kunstinterpretation entwickelten Gestaltungsprinzipien, es kollidiert, genau genommen, auch mit dem im Artikel 5 des Grundgesetzes verankerten Gebot der Meinungsvielfalt sowie insbesondere auch mit der darin dem Regisseur eingeräumten Kunstfreiheit. Wobei an dessen Interpretation dem Publikum im Prinzip gelegen ist, ganz im Gegensatz zur Sichtweise des sich zum Richter aufspielenden Mit-Zuschauers und ganz abgesehen davon, dass zumindest bei den Klassiker-Stücken niemand genau weiß, was der Autor mit dem Stück hat sagen wollen. Erst recht nicht, wenn er wie hier vor über 400 Jahren gelebt hat.

Öffentlicher Auffassungswandel

Derart weit, auch ins Verfassungsrecht ausgreifend, ist allerdings das Hamburger Gericht in seinen Ausführungen nicht gegangen. Das Urteil stützt sich vielmehr auf die Überlegung, dass die Theateraufführung ja nicht die bloße Textwiedergabe zum Gegenstand hat, sondern eben das Spielen, die bühnenmäßige Darbietung bzw. Darstellung eines Stücks, und damit in erster Linie dem Regisseur die Werkinterpretation obliegt. Sie erst ergebe die vom Theater angebotene und vom Zuschauer beim Ticketkauf mehr oder weniger gezielt georderte „Inszenierung". Dabei habe sich speziell in Deutschland unter dem Begriff des „Regietheaters" ein Aufführungsstil herausgebildet, den ein „stark interpretatorischer Zugriff auf die Stückvorlage" kennzeichne. Der heutige Zuschauer wisse dies, sei daran gewöhnt, verlange das in der Regel sogar. Rechtlich komme es somit, wie auch sonst, auf die Verkehrsauffassung[1] an. Sie aber habe sich gewandelt. Die in der Inszenierung des Thalia-Theaters vorgenommene Stück-Interpretation sei mithin nicht mehr und nicht weniger als Ausdruck und Ausfluss solch unverkennbaren Auffassungswandels, zumal die künstlerisch-geistige Substanz des Stücks ja offenbar erhalten geblieben sei.

Auch was speziell den geänderten Schluss des Stücks angeht, findet das Gericht für seine Entscheidung eine überzeugende Begründung. Fraglich sei schon, wann überhaupt eine vom Üblichen abweichende Interpretation vorliege. Jedenfalls sei im Streitfall keine für das deutschsprachige Theater „schlechterdings ungewöhnliche" Interpretation des Shakespeare-Werks festzustellen. „Die Verkehrsauffassung nimmt hier keine Abweichung an, die der Zuschauer nicht erwarten konnte. Dass dies der Fall ist, mag einem Theaterbesucher missfallen – eine Umkehr dieser Verkehrsauffassung und damit der tatsächlichen gesellschaftlichen Verhältnisse" sei jedoch auf dem Rechtsweg nicht zu bewirken. [...]

Dem bleibt, alles in allem, nichts hinzuzufügen. Einzig und allein, dass man dem Hamburger Amtsrichter gratulieren darf zu einem rundum überzeugenden Urteil. [...]

Der Konflikt zwischen Zuschauer und der das Stück neu gestaltenden Bühne ist dann anders zu beurteilen, wenn bei der Stück-Interpretation nichts oder nur noch wenig vom eigentlichen Werk übrig bleibt. Denn in dem Fall hat das Theater etwas anderes geliefert als das angekündigte Stück, ein „aliud[2]". Der Zuschauer, das Publikum, ja die Öffentlichkeit insgesamt hat aber Anspruch darauf, das betreffende Werk so dargeboten sehen zu können, dass dessen „Grundaussagen" und „geistigen Eigenarten" weiterhin zu erkennen sind. Verlässt hingegen der Regisseur bei der Suche danach, was ein Stück (noch) zu sagen vermag, dieses sein künstlerisches Spezifikum, so mag ihm das zwar prinzipiell nicht verwehrt sein, er muss dann aber konsequenterweise sich selbst als den Autor bezeichnen, nicht den ursprünglichen Verfasser. Wobei dies ja gleichzeitig auch im Interesse der jeweiligen Bühne liegt. Anderes wäre jedenfalls unredlich[3]. Nicht zu reden davon, dass solch Verhalten auch nicht mehr mit jener „Wahrheit" zu vereinbaren wäre, der sich das Theater wie alle Künste im Letzten gewiss noch immer verpflichtet weiß.

1 **die Verkehrsauffassung:** in der Allgemeinheit vorherrschende Meinung zu einem bestimmten Sachverhalt
2 **aliud:** In der Rechtswissenschaft bezeichnet ein Aliud den Fall, dass als Leistung der falsche Gegenstand gegeben wird.
3 **unredlich:** nicht rechtschaffen, unaufrichtig

Info **Regietheater und Werktreue**

Die Bezeichnung **Regietheater** lenkt das Augenmerk auf die Inszenierung eines Theaterstücks durch die Regie, deren Interpretation des Werks in seiner Umsetzung auf der Bühne deutlich wird. Heutige Regisseurinnen/Regisseure erproben vielfach neue Wege der Darstellung mit theatralischen Mitteln; anstelle einer textgetreuen Inszenierung wird der Originaltext oft gezielt verändert bzw. verfremdet. Werke aus der Vergangenheit werden dabei v.a. unter der Perspektive betrachtet und gedeutet, was sie dem heutigen Publikum sagen können. Kritiker/innen des Regietheaters betrachten derartige Inszenierungen als reinen Selbstzweck, da sie ihres Erachtens vom Inhalt der Originaltexte abweichen bzw. ablenken. Sie fordern die **Werktreue** einer Theateraufführung.

Erster Schritt: Die Aufgabenstellung verstehen

1 Lesen Sie den Text *Kein Happy End* von Ingo Fessmann sowie die dazu formulierten Aufgaben (▸ S. 46) aufmerksam durch. Markieren Sie in der Aufgabenstellung die zentralen Schlüsselbegriffe und Operatoren.

2 Klären Sie, was die Aufgabenstellung von Ihnen verlangt. Kreuzen Sie an.

	Ich soll ...	ja	nein
a	die Problematik literaturwissenschaftlicher Kategorisierung (Epochen, Gattungen) erläutern.	☐	☐
b	Fessmanns Position reflektieren und einen eigenen Standpunkt argumentativ entfalten.	☐	☐
c	eine Inhaltsangabe zu Fessmanns Text verfassen.	☐	☐
d	Interpretationsthesen zu Form und Inhalt von Fessmanns Text formulieren.	☐	☐
e	Fessmanns Haltung und seine Argumente sprachlich präzise und geordnet darstellen.	☐	☐
f	meine Deutung des Textes durch eine Form kreativen/gestaltenden Schreibens darstellen.	☐	☐
g	im Unterricht erarbeitete Theorien zu Theaterkonzepten auf den Text beziehen.	☐	☐
h	bei meiner kritischen Stellungnahme alle im Text dargelegten Thesen und Argumente aufgreifen.	☐	☐
i	die rhetorischen Mittel des Textes vollständig erfassen und ihre Wirkung ausführlich darlegen.	☐	☐
j	den Text auf eine literarische Epoche beziehen.	☐	☐
k	das Thema und den Zusammenhang, in dem der Text steht, erfassen und darlegen.	☐	☐

Tipp Gewichtung der Aufgabenteile

Die Erörterung eines Sachtextes verlangt von Ihnen eine knappe Textanalyse (1. Aufgabenteil). Der Schwerpunkt Ihrer Ausführungen muss auf einer etwa doppelt so umfangreichen Erörterung (2. Aufgabenteil) liegen.

Zweiter Schritt: Erstes Textverständnis und Ideen formulieren

Zum 1. Aufgabenteil: Erstes Textverständnis entwickeln

1 Lesen Sie den Text von Ingo Fessmann aktiv (▸ S. 9). Markieren Sie in unterschiedlichen Farben: Signalwörter (z. B. *stützt sich*, Z. 85, *damit*, Z. 89), Schlüsselwörter (z. B. *Regietheater*, Z. 94), Thesen, Argumente, Erläuterungen und Beispiele (▸ S. 19). Notieren Sie am Rand stichwortartig Fragen und wichtige Erkenntnisse. Orientieren Sie sich an dem folgenden Beispiel.

Argument ↓ *These* ↑ *Erläuterung*

Argument/ Erläuterung ↓ *These* ↑ *Beispiel*

Derart weit, auch ins Verfassungsrecht ausgreifend, ist allerdings das Hamburger Gericht in seinen Ausführungen nicht gegangen. Das Urteil stützt sich vielmehr auf die Überlegung, dass die Theateraufführung ja nicht die bloße Textwiedergabe zum Gegenstand hat, sondern eben das Spielen, die bühnenmäßige Darbietung bzw. Darstellung eines Stücks, und damit in erster Linie dem Regisseur die Werkinterpretation obliegt. Sie erst ergebe die vom Theater angebotene und vom Zuschauer beim Ticketkauf mehr oder weniger gezielt georderte „Inszenierung". Dabei habe sich speziell in Deutschland unter dem Begriff des „Regietheaters" ein Aufführungsstil herausgebildet, den ein „stark interpretatorischer Zugriff auf die Stückvorlage" kennzeichne. Der heutige Zuschauer wisse dies, sei daran gewöhnt, verlange das in der Regel sogar. Rechtlich komme es somit, wie auch sonst, auf die Verkehrsauffassung[1] an. Sie aber habe sich gewandelt. Die in der Inszenierung des Thalia-Theaters vorgenommene Stück-Interpretation sei mithin nicht mehr und nicht weniger als Ausdruck und Ausfluss solch unverkennbaren Auffassungswandels [...].

Erläuterung des Begriffs „Regietheater"

Zitat (Konjunktiv) → Bericht? Autoritätsargument?

2 Worum geht es in dem Text? Formulieren Sie ein erstes Textverständnis.

Ingo Fessmann berichtet in dem Sachtext ______________________________

und setzt sich mit der Frage auseinander, ______________________________

____

Tipp **Hinweise zum Text beachten**

Einführende Hinweise zu Autor/in und Text sowie Worterklärungen können wichtige Informationen enthalten. Lesen Sie diese stets aufmerksam durch.

3 Untersuchen Sie die Wirkungsabsicht des Sachtextes *Kein Happy End.*

a Wird eine bestimmte Adressatengruppe angesprochen? Kreuzen Sie an.

- ☐ A Leser/innen der Zeitschrift *Theater heute*
- ☐ B Schüler/innen, die sich über gegenwärtige Theaterkonzepte informieren möchten
- ☐ C Rechtswissenschaftler/innen, die sich mit dem Thema „Theaterbesuchsvertrag" befassen
- ☐ D Theaterinteressierte, v.a. Kritiker/innen und Befürworter/innen des Regietheaters

b Eine Autorin / Ein Autor kann mit einem Sachtext mehrere Wirkungsabsichten verfolgen (► S. 5). Ein Sachtext kann demnach mehrere Sprachfunktionen haben, was Interpretationsspielräume bezüglich der primären Autorintention lässt. Kreuzen Sie an, welche Sprachfunktion bei Fessmanns Text im Vordergrund steht. Begründen Sie Ihre Meinung.

Fessmanns Text ist vor allem

☐ A deskriptiv, ☐ B argumentativ/persuasiv, ☐ C narrativ,

weil ______________________________

____

Zum 2. Aufgabenteil: Ideen formulieren

4 Visualisieren Sie Ihre ersten Ideen zur Lösung von Aufgabe 2, indem Sie den folgenden Cluster um weitere Gesichtspunkte zur Frage der Regiefreiheit, die Sie nicht in Fessmanns Text gefunden haben, ergänzen.

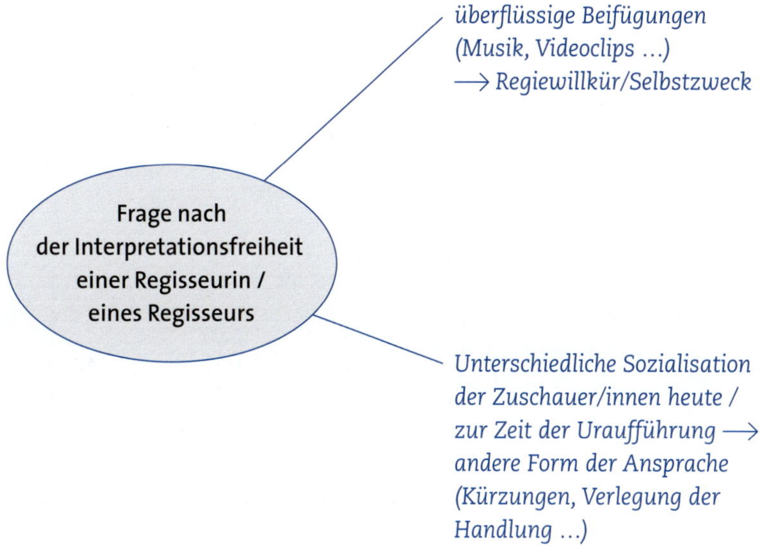

5 Notieren Sie, welche Position (These) Sie in Ihrer Erörterung vertreten wollen, z. B.:

Unter Einbeziehung von Ingo Fessmanns Ausführungen zur Frage der Interpretationsfreiheit der Regie und anderen Positionen zum Thema „Regietheater" vertrete ich folgende Meinung:

Dritter Schritt: Den Text analysieren und eigene Argumente entwickeln

Zum 1. Aufgabenteil: Den Text analysieren

1 a Notieren Sie in Ihrem Kursheft stichwortartig die in Fessmanns Text dargelegten Thesen und Argumente zur Regiefreiheit; legen Sie dazu zwei Tabellen wie unten an. Nutzen Sie Ihre Überlegungen aus Aufgabe 1 unten auf Seite 48.

b Markieren Sie mit unterschiedlichen Farben die Argumente der Befürworter des Regietheaters. Lassen Sie die dritte Spalte jeweils zunächst frei.

Befürworter des Regietheaters: Ingo Fessmann, Hamburger Amtsgericht, Anwalt des verklagten Theaters

Zeilen	Thesen/Argumente mit Argumenttyp (► S. 40)	Widerlegungen, stützende Ergänzungen, weitere Sichtweisen
	Faktenargument: Werktreue ist kein Rechtsprinzip	
	indirektes Argument: konsequente Umsetzung der Forderung nach Werktreue ist realitätsfern	
	normatives Argument: gleiches (Interpretations-) Recht für alle	

Kritiker des Regietheaters: Kläger, Anwalt des Klägers

Zeilen	Thesen/Argumente mit Argumenttyp (► S. 40)	Widerlegungen, stützende Ergänzungen, weitere Sichtweisen
	These von der Werktreue	
	Autoritätsargument: Shakespeares Kennzeichnung des Werks als Komödie	

2 Untersuchen Sie Fessmanns Text mit Blick auf sprachlich-rhetorische Mittel (► S. 23) und Strategien der Beeinflussung (► S. 39). Ergänzen Sie entsprechend die Tabelle auf der folgenden Seite in Ihrem Kursheft.

Tipp **Strategien und sprachliche Mittel erkennen**

Für eine kritische Stellungnahme zu der im Text vertretenen Position ist es wichtig, folgende Mittel der Autorin / des Autors zu erkennen. Man unterscheidet zwischen **Strategien der Beeinflussung** (z. B. Beschwichtigung, Dramatisierung; Aufwertung der eigenen Position, Abwertung der gegnerischen Position ► S. 39) **und sprachlich-rhetorischen Mitteln** (► S. 23), wobei diese oft zusammenspielen.
Hier besteht die Möglichkeit, Kritik an der Argumentationsstrategie der Autorin / des Autors zu üben, beispielsweise wenn abwertende oder polemische Äußerungen verstärkt eingesetzt wurden.
Im Unterschied zu einer vollständigen Sachtextanalyse können Sie sich **bei der Erörterung eines Sachtextes auf zentrale Textstellen beschränken.**

Zitat	Strategien der Beeinflussung / sprachlich-rhetorische Mittel
„mehr, als ihm [dem Richter] vermutlich lieb war" (Z. 27)	*umgangssprachliche Redewendung, salopper Kommentar / Abwertung des gegnerischen Standpunktes*
„der Bühnen-Anwalt fragte noch schärfer, noch grundsätzlicher" (Z. 50 f.)	*Parallelismus / Aufwertung des Standpunktes und der Argumentationsstrategie des Bühnen-Anwalts*
„des sich zum Richter aufspielenden Mit-Zuschauers" (Z. 77 f.)	*umgangssprachliche Redewendung, Neologismus / Abwertung des Gegners, Diskrepanz: unterstellte Selbstwahrnehmung (Richter) ⟷ Fessmanns Fremdwahrnehmung (einer unter vielen passiven Zuschauern)*

Zum 2. Aufgabenteil: eigene Argumente entwickeln

3 In Ihrer Erörterung sollen Sie einen eigenständigen Gedankengang entwickeln und unter Abwägung verschiedener Standpunkte zu einem eigenen, sachlich begründeten Urteil zu der im Text vertretenen Position gelangen. Prüfen Sie, ob Sie Fessmanns Haltung zur Regiefreiheit ganz, in Teilen oder gar nicht zustimmen. Wählen Sie entsprechend Ihren Überlegungen einen Grundtyp für Ihre Texterörterung aus.

Info **Grundtypen kritischer Texterörterung**

☐ **Grundtyp I: Begründeter Widerspruch**

Sie stimmen mit zentralen Aussagen des Textes nicht überein. Daher sollte es Ihr Ziel sein, die Argumentation zu entkräften und eine Gegenargumentation aufzubauen.

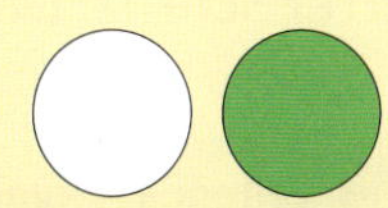

Mögliche Verfahren zur Entwicklung eines eigenständigen Gedankengangs:

- Sie führen Gegenargumente und Gegenbeispiele an.
  Welche bekannten Gegenpositionen anderer Autorinnen/Autoren kenne ich?
  Welche anderen Erfahrungen habe ich gemacht?
- Sie grenzen den Geltungsbereich der im Text vertretenen Position ein.
- Sie prüfen kritisch die Schlüssigkeit der Argumentation.
  Welche Typen von Argumenten kommen vor?
  Passen These und zugehörige Argumente logisch zusammen?
  Sind die Beispiele überzeugend?
- Sie legen die Prämissen der Autorin / des Autors offen und ordnen so die vertretene Position kritisch ein.
  Welcher weltanschaulichen Prägung, wissenschaftlichen Denkschule lässt sich die Autorin / der Autor zuordnen?
  Welche persönliche Interessenlage der Autorin / des Autors liegt vor?

☐ **Grundtyp II: Teilweise Übereinstimmung**

Sie stimmen mit einigen der im Text vertretenen Positionen überein, mit anderen aber nicht.

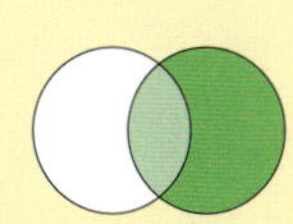

Mögliche Verfahren zur Entwicklung eines eigenständigen Gedankengangs:

- Sie mischen die Operationen aus Grundtyp I und III.

☐ **Grundtyp III: Begründete Zustimmung**

Sie finden keine stichhaltigen Gegenargumente zu der im Text vertretenen Position. Daher sollten Sie den im Text dargestellten Gedankengang argumentativ erweitern.

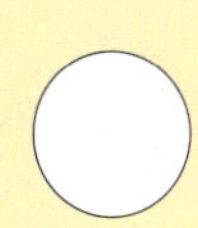

Mögliche Verfahren zur Entwicklung eines eigenständigen Gedankengangs:

- Sie stützen die Position mit weiteren Argumenten und eigenen (Erfahrungs-)Beispielen.
- Sie benennen und entkräften mögliche Gegenpositionen.
- Sie weisen die Folgerichtigkeit der im Text vertretenen Position nach, indem Sie die Hauptgedanken mit eigenen Worten so rekonstruieren, dass sie schlüssig und überzeugend wirken.

4 Ergänzen Sie nun die dritte Spalte Ihrer Tabelle (▸ S. 50, Aufg. 1).
Beziehen Sie dabei auch Ihre Sammlung weiterer Aspekte zur Frage der Regiefreiheit (▸ S. 49, Aufg. 4) ein.

Zeilen	Thesen/Argumente mit Argumenttyp (▸ S. 40)	Widerlegungen, stützende Ergänzungen, weitere Sichtweisen
	Faktenargument: *Werktreue ist kein Rechtsprinzip.*	*alternativer Begriff „Werkgerechtigkeit“*
	indirektes Argument: *konsequente Umsetzung der Forderung nach Werktreue ist realitätsfern*	*anderes Extrem: Regiewillkür, die zum Selbstzweck wird*

5 Bereiten Sie den Aufbau Ihrer Erörterung vor, indem Sie in Ihrer Tabelle Thesen und Argumente markieren, auf die Sie sich beziehen wollen. Machen Sie mit Symbolen (+/–) deutlich, welche dieser Gesichtspunkte Sie überzeugend finden und welche nicht.

6 Überdenken Sie mit Hilfe der Tabelle Ihre eigene Position zum Thema „Regiefreiheit“ (▸ S. 50, Aufg. 5).
Inwieweit können Sie sie noch vertreten? Inwieweit sollten Sie sie abändern? Notieren Sie in Stichworten.

____

____

____

Vierter Schritt: Den Schreibplan erstellen und den Text schreiben

Tipp **Leitende Aufgabenstellung und Grundstruktur**

Nutzen Sie die Aufgabenformulierung (▸ S. 46) als Strukturierungshilfe. Die dort genannten Untersuchungsaspekte geben Ihrer textgebundenen Erörterung eine bestimmte Schrittfolge als Grundstruktur vor.

1 Welche Schritte gibt das Aufgabenbeispiel (▸ S. 46) als Grundstruktur vor?
Lesen Sie die Aufgabenstellung erneut aufmerksam durch und listen Sie die drei Schritte auf.

1. ______________________________

2. ______________________________

3. ______________________________

2 Entwerfen Sie unter Berücksichtigung der Grundstruktur der Aufgabe einen ersten Schreibplan, indem Sie die folgenden Gliederungspunkte durch Nummerierung in einer sinnvollen Reihenfolge anordnen.

- ☐ Fessmanns Haltung zum Thema „Regiefreiheit“ und seine Argumente geordnet wiedergeben
- ☐ auffällige sprachliche Mittel des Sachtextes benennen und ihre Wirkung beschreiben
- ☐ meine eigene Einschätzung der Debatte um die Regiefreiheit zusammenfassend auf den Punkt bringen
- ☐ eine Überleitung zur zweiten Teilaufgabe formulieren
- ☐ den Text von Ingo Fessmann sowie seinen Kontext in einer Einleitung vorstellen
- ☐ die Position nennen, die ich in meiner Erörterung vertreten möchte
- ☐ mich mit Fessmanns Position und seinen Argumenten kritisch auseinandersetzen

3 Überlegen Sie, wie Sie Ihre Stellungnahme im Erörterungsteil Ihres Aufsatzes strukturieren wollen.

a Lesen Sie den Infokasten „Strukturierung einer Erörterung“ aufmerksam durch.

b Überlegen Sie, welche Vorteile und Schwierigkeiten die verschiedenen Strukturierungsmöglichkeiten jeweils mit sich bringen. Notieren Sie Ihre Gedanken stichwortartig in den entsprechenden Zeilen.

c Entscheiden Sie sich für ein Argumentationsschema, dem Sie im Erörterungsteil Ihres Aufsatzes folgen wollen. Kreuzen Sie unten im Infokasten an und begründen Sie Ihre Wahl.

Info **Strukturierung einer Erörterung**

Argumentative Entfaltung *einer* Position: linearer Aufbau	**Erörterung mehrerer Positionen: dialektischer Aufbau**	
	Pro- und Kontra-Aufbau in Blöcken („Sanduhr-Prinzip“)	**Fortlaufender antithetischer Pro- und Kontra-Aufbau („Pingpong-Prinzip“)**
I	II	III
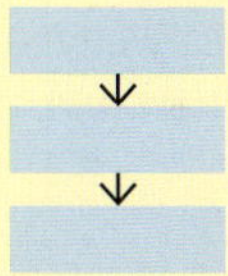		
Sie reihen die Argumente für Ihre Position aneinander. Dabei sollten Sie auch mögliche Gegenargumente entkräften. Sie können das stichhaltigste Argument am Schluss anführen, sodass sich eine Steigerung ergibt.	Sie führen zuerst die Argumente, Belege und Beispiele an, die Ihrer eigenen Position widersprechen. Es folgen Argumente, die die Gegenposition entkräften und die eigene Position bestärken. Sie können das stichhaltigste Argument am Schluss anführen.	Sie führen die Argumente für und gegen Ihre Position im Wechsel an, wobei die Gegenpositionen jeweils sofort entkräftet werden können. Vor dem Wechsel können auch mehrere Pro- oder Kontra-Argumente aufeinanderfolgen.
Vorteile		
– *leichte Leserlenkung / Gedankengang für die Leser/innen gut nachvollziehbar*	– …	– …
Nachteile/Schwierigkeiten		
– …	– …	– …
☐	☐	☐

Begründung

Ich entscheide mich für den Aufbau ____, weil

4 Verfassen Sie nun Ihren Schreibentwurf zum 1. Aufgabenteil. Nutzen Sie dazu den Schreibplan sowie Ihre Vorüberlegungen aus Aufgabe 1 auf Seite 52.

a Vervollständigen Sie den folgenden Satz auf Konzeptpapier.
Der Artikel ____ von ____, erschienen im Jahr ____ in der Zeitschrift ____, setzt sich mit der Frage auseinander, ____.

b Geben Sie Fessmanns Argumentation zum Thema „Regiefreiheit" mit eigenen Worten auf Konzeptpapier wieder. Sie können hierzu die unten vorgegebenen Textbausteine in richtiger Reihenfolge anordnen, überarbeiten und ergänzen.

Tipp **Beschreibungsvokabular und Formulierungsbausteine**

Legen Sie sich im Verlauf Ihrer Arbeit mit Sachtexten ein Beschreibungsvokabular sowie Formulierungsbausteine für Textanalysen und Erörterungen an. Sie können beispielsweise die in den Textbausteinen **fett** gedruckten Wörter als Beschreibungsvokabular nutzen: *stützen auf, begründen mit, konstatieren, plausibel machen ...*

☐ *Im weiteren Verlauf des Textes legt Ingo Fessmann dar,* ***auf*** *welche Argumente das Hamburger Amtsgericht sein Urteil im Verlauf der Verhandlungen* ***stützte.*** *Der Richter habe das Urteil* ***mit*** *…* ***begründet.*** *Des Weiteren habe er einen Wandel der in der Öffentlichkeit vorherrschenden Meinung zum Regietheater* ***konstatiert*** *(vgl. Z. 93ff.). …*

☐ *Der Autor* ***vertritt die Ansicht / fordert,*** *…*

☐ *Ingo Fessmann* ***nimmt auf*** *die Ausführungen des Bühnen-Anwalts zum Begriff der Werktreue* ***Bezug*** *und* ***untermauert*** *dessen Haltung mit zwei Argumenten: …*
Außerdem ***rekurriert*** *Fessmann auf den Artikel 5 des Grundgesetzes für Meinungsvielfalt und Kunstfreiheit, der ebenfalls im Kontrast zur Forderung nach einer ausschließlich „werktreuen" Inszenierung stehe. …*
Als weiteres Argument gegen die Forderung nach Werktreue ***führt*** *Fessmann den Umstand* ***an,*** *dass …*

☐ *Ingo Fessmann* ***befürwortet*** *und* ***bekräftigt*** *in seinem Text ein Urteil des Hamburger Amtsgerichts, das …*

☐ *Fessmanns Ausführungen lassen sich in fünf zentrale Textteile gliedern. Im ersten Abschnitt (Z. 1–32) …*

☐ *Im zweiten Abschnitt (Z. 33–81)* ***legt*** *Ingo Fessmann den Argumentationsgang des Bühnen-Anwalts* ***dar.*** *Dieser … Des Weiteren* ***führte*** *der Anwalt im Verlauf der Verhandlung als Argument* ***an,*** *dass …*

☐ *Im letzten Abschnitt (Z. 123ff.)* ***verdeutlicht*** *Fessmann, wann die Grenzen der Regiefreiheit für ihn erreicht sind: …*

5 Achten Sie bei Ihren Darlegungen auf richtiges Zitieren (▸ innere Umschlagseite hinten).
Im folgenden Ausschnitt aus einem Schreibentwurf wurden die Zitierregeln nicht ausreichend beachtet. Unterstreichen Sie die Fehler und schreiben Sie Ihre Korrektur darüber.

Vorsicht, Fehler!

Der Richter habe das Urteil mit der Überlegung begründet, dass die Aufführung eines Theaterstücks nicht „die bloße Textwiedergabe zum Gegenstand" habe, sondern vielmehr seine „bühnenmäßige Darbietung bzw. Darstellung". Diese Inszenierung eines Theaterstücks sei aber primär Aufgabe der Regie, wodurch das Amtsgericht zu der Einschätzung gekommen sei, dass damit in erster Linie dem Regisseur daher auch die Werkinterpretation obliegt (Z. 90f.). Des Weiteren habe der Richter einen Wandel der in der Öffentlichkeit vorherrschenden Meinung zum Regietheater konstatiert. Fessmann lobt den Argumentationsgang und „das rundum überzeugende[n] Urteil" (Z. 121) des Hamburger Amtsgerichts ausdrücklich. Er verdeutlicht im letzten Abschnitt aber auch, wann die Grenzen der Regiefreiheit für ihn erreicht sind „Der Zuschauer hat aber Anspruch darauf, das betreffende Werk so dargeboten sehen zu können, dass dessen „Grundaussagen" und „geistige Eigenarten" weiterhin zu erkennen sind" (Z. 128–132).

6 Verfassen Sie nun Ihren Schreibentwurf zum 2. Aufgabenteil. Nutzen Sie dazu die entsprechenden Vorüberlegungen aus den Aufgaben Seite 48–52 (zweiter und dritter Schritt).

a Formulieren Sie eine Überleitung zum zweiten Aufgabenteil, indem Sie beispielsweise einen der folgenden Sätze ergänzen.
- *Ingo Fessmann positioniert sich mit seinen Ausführungen auf der Seite der Befürworter der Regiefreiheit. Im Folgenden geht es um die Frage, wie diese Haltung im Kontext … einzuschätzen ist und …*
- *Ingo Fessmanns Haltung zur künstlerischen Gestaltungsfreiheit einer Regisseurin / eines Regisseurs ist in der Theaterwelt nicht unumstritten. Im Folgenden soll geprüft werden, inwiefern …*
- *Nach der Untersuchung des Argumentationsgangs von Ingo Fessmann muss nun gefragt werden, inwieweit seine …*
- *Im Folgenden soll die Haltung des Autors kritisch erörtert werden. Meine Position zum Thema …*

b Verfassen Sie den Hauptteil Ihrer Erörterung. Berücksichtigen Sie dabei …
- Ihre ersten Ideen zur Lösung des 2. Aufgabenteils (▸ S. 49, Aufg. 4),
- Ihre Vorüberlegungen zu Fessmanns Strategien der Beeinflussung (▸ S. 50 f., Aufg. 2),
- Ihre Widerlegungen und Ergänzungen zu Fessmanns Thesen und Argumenten (▸ S. 52, Aufg. 4),
- Ihre Wahl der Erörterungsstruktur (▸ S. 53).

Nutzen Sie die folgenden Formulierungsbausteine.

Formulierungsbausteine **Erörterung**

- **These:**
  Ingo Fessmanns Haltung zur Interpretationsfreiheit der Regie kann man auch kritisch sehen. So …
  Einige Regisseur/innen / Autor/innen nehmen eine Position ein, die von Fessmanns Sichtweise deutlich abweicht. So vertritt z. B. … die Ansicht, dass … *Der These Fessmanns … stimme ich insofern (nicht) zu, als …*
- **Argumente / Beispiele:**
  Des Weiteren lässt sich anführen, dass … *Ein stichhaltiges/überzeugendes Argument für …*
  Diese Haltung soll fundiert/abgesichert werden durch … *Dafür spricht auch, dass …*
  Eine häufige Beobachtung ist beispielsweise … *Dabei stütze ich mich auf die Tatsache, dass …*
- **Gegenargumente:**
  Dem steht entgegen, dass … *Eingewendet werden könnte auch das folgende Argument: …*
  Zwar muss auch bedacht werden, dass … *Diese Sichtweise ist nicht unumstritten, da …*
- **Entkräftung des Gegenarguments:**
  Allerdings sollte man bedenken, dass … *Dem lässt sich jedoch der folgende Aspekt entgegenhalten: …*
  Andererseits darf man … nicht vergessen. *Bedenken sollte man aber auch, dass …*
  Berücksichtigt man jedoch …, dann … *Dieses Argument kann leicht widerlegt werden, indem …*

c Schließen Sie Ihre Erörterung mit einem Fazit ab, indem Sie beispielsweise einen der folgenden Sätze fortsetzen.
- *Nach meiner Auseinandersetzung mit der Thematik komme ich zu folgender Einschätzung: …*
- *Als Fazit meiner Überlegungen lässt sich festhalten: …*

Bühnenfoto: Viel Lärm um Nichts, Inszenierung am Thalia Theater Hamburg (Regie: David Bösch, Premiere: 2006)

Fünfter Schritt: Den eigenen Text überarbeiten

Tipp **Gedankliche Kohärenz**

Als **Kohärenz** (lat. *cohaerere:* zusammenhängen) bezeichnet man **den inhaltlichen Zusammenhang** eines Textes. Um Ihren Gedankengang nachvollziehbar zu machen, müssen Sie u. a. logische Bezüge zwischen Ihren Sätzen herstellen. Verwenden Sie dafür verknüpfende **Konjunktionen** und **Adverbien** (*deswegen, nicht nur – sondern auch, weder – noch, folglich, trotzdem, daher, bevor* ... ▸ innere Umschlagseiten hinten). Im Vorspann eines **Wörterbuchs** stehen Erläuterungen beispielsweise zur Kommasetzung und zu grammatischen Regeln, außerdem auch Beispiele für Konjunktionen und Adverbien. Auch bestimmte **Formulierungsbausteine/Wendungen** (*Die Haltung des Bühnen-Anwalts untermauert der Autor mit ...*) tragen zur Verständlichkeit bei.

1 Untersuchen Sie die beiden folgenden Schreibentwürfe auf ihre Gedankenführung (▸ Tipp-Kasten S. 55).
- a In welchem Entwurf ist der gedankliche Zusammenhang schlüssiger formuliert? Kreuzen Sie an.
- b Unterstreichen Sie im Text die Formulierungen, die eine stringente Gedankenführung ausdrücken.

☐ *Den Ausführungen des Bühnen-Anwalts pflichtet Ingo Fessmann bei. Er führt zwei Argumente an. Die aktuellen Gestaltungsprinzipien der Kunst und Kunstdeutung sowie der Artikel 5 des Grundgesetzes (zu Meinungsvielfalt und Kunstfreiheit) sprächen gegen die Forderung nach Werktreue. Fessmann unterstellt dem „sich zum Richter aufspielenden Mit-Zuschauer“ (Z. 77 f.), kein Interesse an der Interpretationsleistung der Regie zu haben. Seine Klage erscheint Ingo Fessmann lächerlich und realitätsfern.*

☐ *Im Anschluss nimmt Ingo Fessmann auf die Ausführungen des Bühnen-Anwalts zum Begriff der Werktreue Bezug und untermauert dessen Haltung mit zwei Argumenten: Zum einen sprächen aktuelle Gestaltungsprinzipien der Kunst und Kunstdeutung gegen „das Gebot einer ausschließlich historisch intendierten Werkinterpretation“ (Z. 68 f.). Zum anderen garantiere der Artikel 5 des Grundgesetzes Meinungsvielfalt und Kunstfreiheit.*
Im weiteren Verlauf seiner Argumentation unterstellt auch Fessmann dem „sich zum Richter aufspielenden Mit-Zuschauer“ (Z. 77 f.), kein Interesse an der Interpretationsleistung der Regie zu haben. Dass ihm die Klage des Zuschauers lächerlich und realitätsfern erscheint, daran lässt Ingo Fessmann mit dieser abwertenden Betitelung des Klägers keinen Zweifel.

2 Prüfen Sie, ob Sie die Satzzusammenhänge in Ihrem eigenen Schreibentwurf deutlich gemacht haben.
- a Markieren Sie Stellen in Ihrer Erörterung, an denen Sie die Satzverknüpfung verbessern sollten.
- b Suchen Sie passende Verknüpfungen. Nutzen Sie das „Rad der Gelenkwörter“ (▸ innere Umschlagseite hinten).

3
- a Überarbeiten Sie Ihren eigenen Text mit Hilfe der folgenden Checkliste.
- b Markieren Sie zwei bis drei Aspekte, auf die Sie sich bei Ihrer nächsten Erörterung eines Sachtextes konzentrieren.

Checkliste Habe ich ...

- meinen Aufsatz für die Leser/innen übersichtlich **gegliedert** (Absätze)?
- das **Thema** des Textes und den **Kontext** wiedergegeben?
- die **Kerngedanken** des Autors dargelegt?
- den **Argumentationsaufbau** des Textes richtig wiedergegeben?
- auffällige Strategien der **Leserbeeinflussung** erfasst und in meiner Argumentation berücksichtigt?
- Autoraussagen durch **Zitate bzw. Paraphrasen** kenntlich gemacht?
- eine **Überleitung** zu meiner Erörterung (2. Aufgabenteil) formuliert?
- Stellung zur Position des Autors genommen und einen **eigenständigen Gedankengang** entwickelt?
- am Ende meine Position in einem **Fazit** zusammengefasst?
- eine stringente Gedankenführung **(Kohärenz)** im Text durchgehalten?
- mich **sprachlich angemessen** ausgedrückt (keine Umgangssprache)?
- meinen Aufsatz mit Blick auf **Rechtschreibung, Grammatik** und **Zeichensetzung** korrigiert?
- die Regeln des **korrekten Zitierens** beachtet?

3.2 Vertiefende Übungen zum Aufbau einer Erörterung

Evgeny Morozov

Kolumne Silicon Demokratie (2014)
Der Preis einer Person

Der 1984 in Weißrussland geborene Evgeny Morozov forschte u.a. an den amerikanischen Universitäten Stanford und Harvard über die Gesellschaft und das Internet. Er ist Autor des Buchs „Smarte neue Welt: Digitale Technik und die Freiheit des Menschen" (2013) und gilt als einer der bedeutendsten Kritiker unserer digitalen Welt. Für die Frankfurter Allgemeine Zeitung (www.faz.net) schreibt er die Kolumne „Silicon Demokratie", in welcher der vorliegende Artikel veröffentlicht wurde.

„Kauf mich", lautet das Angebot auf der Website des niederländischen Studenten Shawn Buckles. Buckles versteigert seine intimsten Daten, E-Mails und Online-Chats, Browserverlauf, Bewegungsprofile, Bahnfahrten, Terminkalender. Die Auktion endete unlängst, der Meistbietende erhielt sämtliche private Daten, die Buckles in den nächsten zwölf Monaten produziert. Buckles ist kein Unternehmer. Er will nur unser Bewusstsein dafür schärfen, wie viele Daten wir dem Staat und der Privatwirtschaft schon jetzt überlassen. Seine Aktion berührt aber auch eine prinzipielle Frage: Dürfen wir unsere privatesten Daten verkaufen? Oder sollte das erschwert, wenn nicht gar verboten werden?
Buckles steht nicht allein da. Federico Zannier aus Brooklyn ging mit einem ähnlichen Experiment zu Kickstarter. Für zwei Dollar sollte man sämtliche Daten eines Tages bekommen (rund siebzig Websites, fünfhundert Screenshots[1], fünfhundert Webcam-Bilder), für zweihundert Dollar würde man fünfzigtausend Dokumente erhalten, die sich über mehrere Monate hinweg angesammelt haben. Buckles und Zannier stehen für einen Trend, der von Zukunftsforschern beim Davoser Weltwirtschaftsforum 2011 so beschrieben wurde: Unsere persönlichen Daten verwandeln sich in Vermögenswerte.

Daten zur Heilung

Befürworter von Datenwirtschaft sagen, dass wir Google und Facebook unsere Daten nicht kostenlos überlassen sollten. Das ist ein vernünftiges Argument. Nur weil unsere Daten einen ökonomischen Wert haben, folgt daraus aber noch lange nicht, dass wir mit ihnen handeln und auch nicht [, dass wir] dazu ermuntert werden sollten. Mit anderen Worten: Das Projekt, unsere Daten aus der Verfügungsgewalt der IT-Giganten zu befreien, muss nicht bedeuten, sie als Ware zu betrachten. Es gibt auch andere Nutzungsmöglichkeiten.
Was spräche beispielsweise dagegen, seine Gesundheitsdaten einer Universität oder einem Krankenhaus für Forschungszwecke zu überlassen? Im Idealfall würde man sich dabei von humanitären Beweggründen leiten lassen, aber es wären auch Ausnahmen denkbar, wenn Zeit eine Rolle spielt und Geld den Ausschlag gibt. Für Datennutzung zu bezahlen ist nicht prinzipiell schlecht. Die Schattenseite zeigt sich erst zu einem späteren Zeitpunkt.

Noch sind sie nicht allwissend

Wenn wir unsere Daten sozialen Forschungseinrichtungen zur Verfügung stellen, gehen wir nicht davon aus, dass das unser Leben groß verändert. Bei Daten, die wir der Privatwirtschaft zur Verfügung stellen, sieht das schon ganz anders aus. Das Material ist vielseitig verwendbar und kann sofort zu spürbaren Veränderungen in unserem Leben führen. Unser Smartphone meldet unseren Standort – schon erhalten wir punktgenaue Werbung. Wir suchen im Internet nach Vitamintabletten – schon werden wir mit Werbung für Diätprodukte bombardiert. Wenn wir bestimmte Dinge im Internet suchen, ziehen Unternehmen daraus Schlüsse über unsere Gesundheit oder über mögliche Pläne.
Die meisten persönlichen Daten bieten die Möglichkeit, Einfluss auf unser Leben zu nehmen. Durch die unmittelbare, enge Verknüpfung mit alltäglichen kommerziellen Anbietern (Restaurants, Reiseveranstalter, Geschäfte) werden nicht nur unsere Kaufentscheidungen geprägt (Coke oder Pepsi), sondern auch die Überlegungen und Bedürfnisse, die darüber entscheiden, was wir als Nächstes tun wollen. Mein Smartphone registriert, dass ich möglicherweise Durst habe, präsentiert mir eine Werbeanzeige, und sofort werde ich furchtbar durstig – aber bin ich es wirklich? Da diese kommerziellen Anbieter (noch) nicht allwissend sind, können sie unsere Entscheidungen nicht durchgängig beeinflussen. Aber wie lange wird ihre Unwissenheit noch dauern?

Wir wollen doch flexibel bleiben!

Angenommen, Shawn Buckles möchte, nachdem er seine persönlichen Daten verkauft hat, seine Lebensweise ändern. Vielleicht erwägt er, Vegetarier zu werden. Also gibt er bei Google den Suchbegriff „auf vegetarische Ernährung umstellen" ein. Ganz egal, welche Seiten er findet, er hat signalisiert, dass ein bislang stabiles Element seiner Lebensweise nunmehr zu haben ist. Das löst Ereignisse aus, die zufällig erscheinen, aber von konkurrierenden Unternehmen exakt auf ihn zugeschnitten sind: Shawns Supermarkt bietet ihm beim Kauf von Gemüse persönlichen Rabatt an, während das nahe gelegene Steakhaus mit Gutscheinen für ein tolles Abendessen

1 **der Screenshot:** fotoähnliche Abbildung oder Speicherung dessen, was auf dem Bildschirm zu sehen ist

lockt. Beides kann ihm aufs Smartphone übermittelt werden.

Ob Shawn tatsächlich Vegetarier wird, ist unerheblich: Seine formal autonome Entscheidung wird von Faktoren beeinflusst, die er nicht mehr wahrnimmt oder berücksichtigt. Er vermutet das vielleicht, ist aber nicht in der Lage, Kausalzusammenhänge[2] zu erkennen. Gut vorstellbar, in welche Richtung er gedrängt würde, wenn der Staat in seinem Kampf gegen Übergewicht versuchen würde, Shawn per Smartphone-App von den Vorteilen vegetarischer Ernährung zu überzeugen.

Unsere Welt ist viel beweglicher, interaktiver und individualisierter als vor vierzig Jahren: Heutzutage erwarten wir individuelle Ansprache, personalisierte Werbung, personalisierte Unterhaltung. Das hat Vorteile. Aber es besteht auch Grund zur Besorgnis: Wenn wir unveränderliche, ausgeprägte Präferenzen[3] hätten, wäre eine Berücksichtigung unserer Bedürfnisse sehr willkommen. So sind wir aber nicht, und so wollen wir vermutlich auch nicht sein. Wir wollen die Möglichkeit haben, Neues auszuprobieren, andere Lebensentwürfe zu entwickeln, Wertvorstellungen zu prüfen, uns von alten Projekten zu trennen und neue in Angriff zu nehmen.

Marktkräfte werden uns bestimmen

Diese Selbstvergewisserung ist oft ein langsamer Prozess. Sobald wir aber zu erkennen geben, dass wir diesen Experimentierraum betreten haben – durch Suchanfragen, eine verräterische Andeutung in einer E-Mail, einen Gefühlsausbruch, den die Google-Brille entdeckt –, ist Schluss mit unserer Autonomie, denn unser plastisches[4] Umfeld liefert uns Optionen, die uns in eine Richtung drängen, die den Werbekunden und zunehmend auch dem Staat genehm[5] ist, statt uns freizustellen, in welche Richtung wir gehen wollen.

Unsere intimen Daten zu verkaufen heißt, diesen Experimentierraum auf ein Minimum zu reduzieren. Wir verzichten auf unsere Autonomie und akzeptieren, dass existentielle Entscheidungen in unserem Leben von den Marktkräften getroffen werden oder vom Staat, der uns zu einem bestimmten Verhalten drängen will. Ob wir zu vegetarischer Ernährung übergehen, ob wir uns überhaupt mit diesem Thema auseinandersetzen, hängt in dieser Welt davon ab, welcher Akteur – Steakhäuser, Supermärkte, Behörden – am meisten von diesem Sinneswandel profitiert.

Solange es keine strengeren Datenschutzbestimmungen gibt, würden zwar viele persönliche Daten ohnehin bekannt werden und das oben geschilderte Szenario in jedem Fall eintreten. Das heißt aber noch lange nicht, dass persönliche Daten nur eine Art Ware sind und unsere Probleme sich in Wohlgefallen auflösen würden, wenn wir es nicht mit den Datenkraken Google und Facebook, sondern mit vielen kleinen Datenunternehmern zu tun hätten.

Unsere Daten gehören uns, sie sind Ausdruck unserer Individualität – wer sie verkauft, verwandelt sich in einen interaktiven Werbeträger. Es geht nicht an, dass Menschen sich unter Verweis auf ihre Autonomie in die Sklaverei verkaufen. Diese Einschränkung akzeptiert sogar der Liberalismus[6]. Warum sollten wir eine Ausnahme machen für Leute, die zwar nicht ihren Körper, aber doch ihre Entscheidungsfreiheit verkaufen wollen?

Aus dem Englischen von Matthias Fienbork.

2 **der Kausalzusammenhang:** auf dem Prinzip von Ursache und Wirkung beruhender Zusammenhang von Ereignissen
3 **die Präferenz:** Vorliebe, ausgeprägte Neigung
4 **plastisch:** modellierfähig, formbar
5 **genehm:** angenehm, willkommen, erwünscht
6 **der Liberalismus:** Weltanschauung, die in gesellschaftlicher und politischer Hinsicht die freie Entfaltung und Autonomie des Individuums fordert und staatliche Eingriffe auf ein Minimum beschränkt sehen will

Den Text untersuchen

Sie sollen erörtern, ob der Verkauf privater Daten erschwert werden soll. Um in Ihrer Erörterung Bezug auf Morozovs zentrale Gedanken und seine Argumentationsstrategie nehmen zu können, müssen Sie diese zunächst genau untersuchen.

1 Markieren Sie im Text in unterschiedlichen Farben: Signalwörter, Schlüsselbegriffe, Thesen, Argumente, Erläuterungen und Beispiele (▸ vgl. S. 48, Aufg. 1 unten). Notieren Sie am Rand Fragen und wichtige Erkenntnisse.

2 Ergänzen Sie mit Hilfe Ihrer Markierungen das folgende Strukturdiagramm (▸ S. 23) zum Aufbau von Morozovs Argumentation.

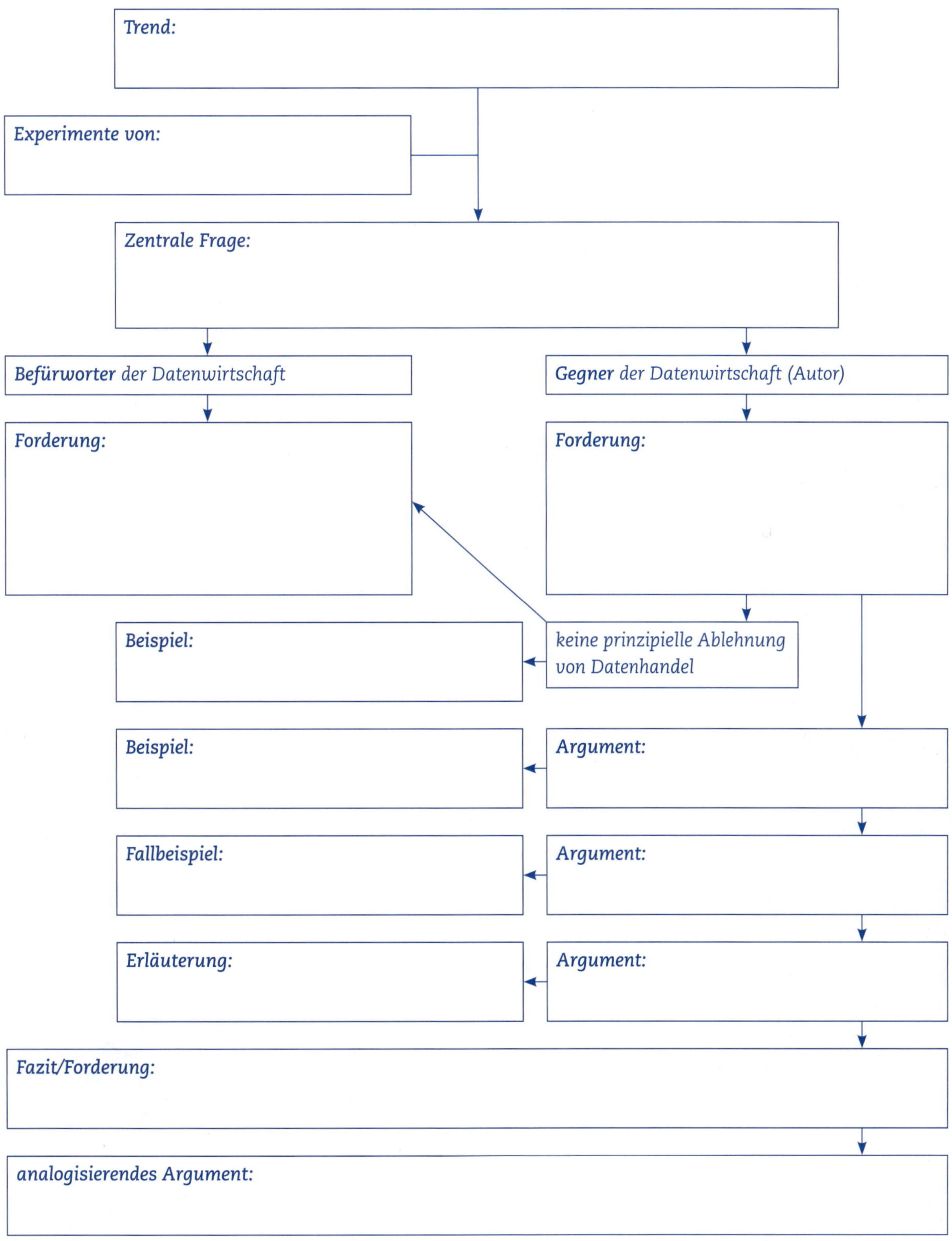

Argumente entwickeln

1 Bereiten Sie Ihre eigene Stellungnahme vor, indem Sie die Tabelle auf Konzeptpapier stichwortartig mit Ihren über den Text hinausgehenden Ideen und Argumenten zu Morozovs „prinzipielle[r] Frage" (Z. 11) ergänzen.

Der Verkauf privater Daten sollte erschwert oder verboten werden, weil ...	Der Verkauf privater Daten sollte nicht erschwert oder verboten werden, weil ...
... die Konsumenten den zielgerecht platzierten, verlockenden Angeboten der Internetanbieter nur schwer widerstehen können (Gefahr von bequemem Konsumentendasein).	*... der Staat mit einem Verbot des Datenhandels in die Persönlichkeitsrechte eingreift.*

2 Machen Sie sowohl in Ihrer Tabelle als auch im Strukturdiagramm deutlich, welche Gesichtspunkte Sie überzeugend finden und welche nicht. Nutzen Sie hierzu Symbole (+/–). Markieren Sie im Strukturdiagramm Thesen, Argumente und Beispiele, auf die Sie sich in Ihrer Erörterung beziehen wollen.

3 Untersuchen Sie Morozovs Argumentation hinsichtlich sprachlicher Besonderheiten. Ergänzen Sie die Tabelle.
- Ein Kritikpunkt in Ihrer Stellungnahme könnte sich gegebenenfalls auf vom Autor eingesetzte Strategien der Beeinflussung und auf sprachlich-rhetorische Mittel (▸ S. 23) beziehen.
- Oder Sie können gegebenenfalls die gute Nachvollziehbarkeit und betont sachliche Darstellungsweise hervorheben, um die Argumentationsstrategie des Autors zu stützen.

Zitat	Strategien der Beeinflussung / sprachlich-rhetorische Mittel
„Das Projekt, unsere Daten aus der Verfügungsgewalt der IT-Giganten zu befreien" (Z. 33 f.)	***Gewaltmetaphorik*** *Ängste wecken, Dramatisierung der dargestellten Situation („Verfügungsgewalt", „IT-Giganten")*

4 Entscheiden Sie nun, ob Sie der Sichtweise und den Forderungen Morozovs ganz, teilweise oder gar nicht zustimmen. Wählen Sie den entsprechenden Grundtyp für Ihre Texterörterung (▸ S. 51).

☐ begründeter Widerspruch ☐ teilweise Übereinstimmung ☐ begründete Zustimmung

5 Notieren Sie auf Konzeptpapier unterstützende Belege und Beispiele zu Ihren Argumenten aus Aufgabe 1. Ziehen Sie dazu auch Ergebnisse aus dem Unterricht und eigene Erfahrungen heran, z. B.:

These: Der Handel mit persönlichen Daten sollte verboten werden.
Argument: Konsumenten widerstehen nur schwer den ständigen, maßgeschneiderten Kaufangeboten.
Belege/Beispiele: vielfältiges Warenangebot im Internet / personalisiertes Warenangebot erleichtert und lenkt zugleich Suche nach passendem Produkt / Payback-Punkte / zweckmäßige Apps (z. B. Laufapp)

Die Struktur der Erörterung entwickeln

1 Probieren Sie beide dialektischen Verfahren (▸ S. 53) zur Strukturierung Ihrer Erörterung aus. Entwickeln Sie jeweils ein Schema, in dem Sie die Reihenfolge Ihrer Argumente und Gegenargumente festlegen und entsprechende Beispiele, Belege und Erläuterungen ergänzen. Beziehen Sie Ihre Vorüberlegungen (▸ S. 60) mit ein.

A **„Sanduhr-Prinzip"**
Zuerst formulieren Sie die Argumente, Belege usw., die Ihrer eigenen Position widersprechen.
Dann führen Sie die Argumente, Belege usw. an, welche die Gegenposition entkräften und Ihre Position stützen.

Der Handel mit persönlichen Daten sollte / sollte nicht verboten werden.

Argument:

Beispiel/Beleg:

Argument:

Beispiel/Beleg:

Argument:

Beispiel/Beleg:

Argument:

Beispiel/Beleg:

Der Handel mit persönlichen Daten sollte / sollte nicht verboten werden.

Argument:

Beispiel/Beleg:

Argument:

Beispiel/Beleg:

Argument:

Beispiel/Beleg:

Argument:

Beispiel/Beleg:

B **„Pingpong-Prinzip"**

Hier führen Sie die Argumente, Belege usw. gegen und für Ihre Position im Wechsel auf, wobei die Gegenposition sofort entkräftet werden kann. Dabei sollte Ihre eigene Position immer an zweiter Stelle stehen, um ihr mehr Nachdruck zu verleihen.

Sollte der Handel mit persönlichen Daten verboten werden?

Argument:

Beispiel/Beleg:

Argument:

Beispiel/Beleg:

Argument:

Beispiel/Beleg:

Argument:

Beispiel/Beleg:

Argument:

Beispiel/Beleg:

Argument:

Beispiel/Beleg:

Argument:

Beispiel/Beleg:

Argument:

Beispiel/Beleg:

2 Überlegen Sie, welches Verfahren für Ihre Erörterung geeigneter ist. Begründen Sie Ihre Entscheidung.

3.3 Vertiefende Übungen zum sprachlich präzisen Schreiben

Hans Magnus Enzensberger

Hans Magnus Enzensberger, 1993

An alle Fernsprechteilnehmer (1960)

Etwas, das keine Farbe hat, etwas,
das nach nichts riecht, etwas Zähes,
trieft aus den Verstärkerämtern,
setzt sich fest in die Nähte der Zeit
und der Schuhe, etwas Gedunsenes,
kommt aus den Kokereien[1], bläht
wie eine fahle Brise die Dividenden
und die blutigen Segel der Hospitäler,
mischt sich klebrig in das Getuschel
um Professuren und Primgelder[2], rinnt,
etwas Zähes, davon der Salm stirbt,
in die Flüsse, und sickert, farblos,
und tötet den Butt auf den Bänken.
Die Minderzahl hat die Mehrheit,
die Toten sind überstimmt.
In den Staatsdruckereien
Rüstet das tückische Blei auf,
die Ministerien mauscheln, nach Phlox[3]
und erloschenen Resolutionen riecht
der August. Das Plenum ist leer.
An den Himmel darüber schreibt
die Radarspinne ihr zähes Netz.
Die Tanker auf ihren Helligen[4]
wissen es schon, eh der Lotse kommt, und
der Embryo weiß es dunkel
in seinem warmen, zuckenden Sarg:
Es ist etwas in der Luft, klebrig
und zäh, etwas, das keine Farbe hat
(nur die jungen Aktien spüren es nicht):
Gegen uns geht es, gegen den Seestern
und das Getreide. Und wir essen davon
und verleiben und ein etwas Zähes,
und schlafen im blühenden Boom,
im Fünfjahresplan, arglos schlafend im brennenden Hemd,
wie Geiseln umzingelt von einem zähen,
farblosen, einem gedunsenen Schlund.

1 **die Kokereien:** Kokswerk (zur Erzeugung von Koks und Rohgas aus Kohle)
2 **das Primgeld:** Prämie für den Kapitän eines Frachtschiffes
3 **Phlox:** Flammenblumen
4 **die Helling** (Plural: Hellingen, Helligen): Schiffsbauplatz

Der Literaturwissenschaftler Hans-Dieter Gelfert interpretiert in seinem Arbeitsbuch „Wie interpretiert man ein Gedicht?" Enzensbergers Text wie folgt:

Hans-Dieter Gelfert

„Formlose" Form (1990, Auszug)

Alle Gedichte, an denen wir bisher unser interpretatorisches Werkzeug angesetzt haben, erwiesen sich als kunstvoll durchgeformte Texte, in denen jedes Element seinen notwendigen Platz in einem z. T. geradezu raffiniert angelegten Gesamtplan einzunehmen schien. Sieht man sich aber die Lyrik der jüngsten Zeit an, so wird man sich fragen, ob dieser Begriff von Kunst als Kunstgriff auf sie noch anwendbar ist. Sind nicht die meisten modernen Gedichte so spröde, so ablehnend gegenüber tradierten ästhetischen Normen und so entschieden auf inhaltliche Authentizität bedacht, dass es ganz unangemessen erscheint, in ihnen nach einem spielerischen Formkalkül zu suchen?

[...] Wir werden nun an einem Beispiel untersuchen, ob nicht auch in einem scheinbar formlosen Gedicht ein verborgenes Ordnungsprinzip zu entdecken ist.

Das Gedicht [„An alle Fernsprechteilnehmer"] ist weder gereimt noch hat es eine feste Strophenform. Auch ein metrisches Schema ist nicht zu erkennen. Tauscht man den ersten und den letzten Absatz gegeneinander aus, so scheint dies keinerlei Unterschied zu machen. Auch die drei übrigen Abschnitte könnte man untereinander austauschen, ohne dass sich am formalen Gesamteindruck und an dem, was das Gedicht mitteilt, Wesentliches ändert.

Kann man dann überhaupt noch von einer Form sprechen? Form ist etwas Einheitsstiftendes, und einheitlich ist dieses Gedicht zweifellos. Von der ersten bis zur letzten Zeile hält es einen ganz bestimmten, unverwechselbaren Ton. Diese Technik, einen Text nicht nur durch eine geregelte Form, sondern nur durch den einheitlichen Ton zusammenzuhalten, gab es schon in Zeiten formstrenger Dichtung. Es ist die Form der Rhapsodie[1]. Während aber in früheren Zeiten die rhapsodischen Gedichte durch einen Ton emphatischer Begeisterung geprägt waren, weist unser Gedicht einen Ton von galliger Bitterkeit auf, dem ein Schuss Ekel beigemengt ist.

Enzensberger erreicht die Einheitlichkeit des Tons durch einen kunstvollen Aufbau der Bildschicht, die sich aus zwei ganz unterschiedlichen Bestandteilen zusammensetzt. Auf der einen Seite stehen Bilder aus dem organischen Bereich: Salm, Butt, Phlox, Embryo, Seestern, Getreide. Diesen Bildern sind Adjektive und Verben zugeordnet, die die Vorstellung von Auflösung und Verfall suggerieren: triefen, gedunsen, klebrig, sickern usw. Eingebettet in diese klebrige Schicht einer sich auflösenden organischen Welt sind Bilder aus der ökonomisch-technischen Sphäre: Kokereien, Dividende, Primgelder, Radarspinne, junge Aktien usw. Diese Gegenstände sind nicht von der allgemeinen Auflösung erfasst, im Gegenteil, sie verursachen diese, während sie selber offenbar recht gut gedeihen: „die Dividende" wird „gebläht", „in den Staatsdruckereien rüstet das tückische Blei auf", „die jungen Aktien spüren es nicht", nämlich die klebrige Auflösung.

Das Gedicht beschreibt offenbar einen Zustand, der aus dem Zusammenstoß der organischen mit der ökonomischen Welt resultiert. Für den heutigen Leser ist das ein vertrautes Szenario. Für 1960 aber, als das Gedicht in Enzensbergers Band „Landessprache" zum ersten Mal erschien, war es eine hellsichtige Vision. Welcher Leser hätte wohl damals gedacht, dass dieses metaphorische Bild einer unaufhaltsamen Auflösung der Natur durch die kapitalistische Industriegesellschaft einmal als exakte Beschreibung der realen Welt gelesen werden könnte?

1 **Rhapsodie:** Formal freies Gedicht in erregtem, mitreißendem Ton, scheinbar unzusammenhängend, aber durch gedankliche Assoziationen und Fantasien über ein Thema verknüpft; typische Form des Sturm und Drang und der Romantik.

Den Argumentationsgang sprachlich präzise beschreiben

1 Lesen Sie das Gedicht „An alle Fernsprechteilnehmer" (▶ S. 63) von Hans Magnus Enzensberger aufmerksam. Welche Bilder entstehen in Ihrem Kopf? Welche Assoziationen haben Sie? Formulieren Sie ein erstes Textverständnis auf Konzeptpapier.

2 Lesen Sie den Auszug aus Hans-Dieter Gelferts Text „‚Formlose' Form" (▶ S. 64), und zwar aktiv (▶ S. 9).

3 Überarbeiten Sie die folgende Beschreibung von Gelferts Argumentationsgang im Hinblick auf die Gedankenführung.

a Unterstreichen Sie Konjunktionen, Adverbien und weitere Formulierungen, die den gedanklichen Zusammenhang verdeutlichen.

b Schreiben Sie den Text überarbeitet auf. Ergänzen Sie dabei passende Verknüpfungswörter (▶ innere Umschlagseite hinten) und Wendungen an Stellen, wo dies Ihrer Ansicht nach das Textverständnis erleichtert.

Hans-Dieter Gelfert behandelt das Gedicht Enzensbergers modellhaft zur Beantwortung der Frage, inwieweit auch scheinbar freie und ungeordnete lyrische Texte der Moderne doch ordnende Momente enthalten, die ihnen eine einheitliche Struktur verleihen.
Der Autor zeigt das Fehlen traditionell ordnender Aspekte wie Reim, Strophe und Metrum auf. Er stellt die These auf, dass das Gedicht durch seinen charakteristischen Ton strukturiert werde. Gelfert ordnet es der Gattung der Rhapsodie zu, wobei er die Negativität dieses Tons als gattungsuntypisch bezeichnet.
Im Folgenden belegt er seine These durch eine Analyse der im Gedicht verwendeten Bilder, die er zum einen dem Bereich des Organischen und zum anderen dem Bereich des Ökonomischen zuordnet, welchen wiederum eine negative (Verfall und Zersetzung konnotierende) bzw. positive (Blühen und Gedeihen konnotierende) Bedeutung zugewiesen wird.
Abschließend zeigt Hans-Dieter Gelfert die Originalität und Hellsichtigkeit des Gedichts in der historisch frühen Behandlung dieses Themas auf.

Die Erörterung sprachlich präzise formulieren

Im Anschluss an die vorliegende Beschreibung des Argumentationsgangs Gelferts (▶ S. 65, Aufg. 3) sollen Sie die Aussagen Gelferts erörtern, d. h. anhand des Gedichts und Ihres Hintergrundwissens überprüfen und ggf. korrigieren, einschränken, ergänzen oder verwerfen.

1 Beantworten Sie hierzu stichwortartig die folgenden Fragen zu Gelferts Interpretation und entwickeln Sie erste Ideen für Ihre Stellungnahme. Sie können die vorgegebenen Stichworte nutzen, ergänzen und überarbeiten.

a Erfüllt der Text die im Interpretationsansatz formulierte Intention, d. h., beantwortet er die dort gestellten Fragen zufriedenstellend?

These/ Behauptung	*Frage nach dem „verborgene[n] Ordnungsprinzip" (Z. 16) in Enzensbergers Gedicht wird von Gelfert nicht abschließend beantwortet*
Argument	
Stützung/ Erläuterung	

b Ist Gelferts Argumentationsgang logisch? Enthält er unbelegte Thesen oder unzulässige Verallgemeinerungen?

These/ Behauptung	
Argument	
Stützung/ Erläuterung	
Argument	
Stützung/ Erläuterung	

c Halten Gelferts Thesen und Argumente einer sorgfältigen Überprüfung am Primärtext, d. h. an Enzensbergers Gedicht, stand? Sind sie sachrichtig und vollständig?

These/ Behauptung	*durch andere Deutungsansätze ergänzbar / in Frage zu stellen:* *– das konstatierte „verborgene Ordnungsprinzip" (Z. 16)* *– Gelferts Interpretationsthese der „unaufhaltsamen Auflösung der Natur durch die kapitalistische Industriegesellschaft" (Z. 63 ff.)*
Argument	
Stützung/ Erläuterung	*– Gegensatzpaare (Zerfall des Organischen, vgl. Z. 41 ff.) vs. Gedeihen ökonomischer Bereiche, vgl. Z. 46 ff.) im Gedicht deutlich, geben ihm aber keine Ordnung* *– formgebend vielmehr: Suche nach näherer Bestimmung des zähen „Etwas" (V. 1); das sich wie ein nicht wahrnehmbares Gift verbreitet, u. a. die Welt der Technik, Verwaltung, Politik und Natur durchdringt und schließlich auf das „uns" (V. 30) trifft, gegen das sich dieses „Etwas" richtet*
Argument	*Thema: die diffusen Bedrohungen, das zähe „Etwas" (V. 1), mit denen der Mensch „arglos" (V. 34) und tatenlos lebt*
Stützung/ Erläuterung	

Formulierungsbausteine **Globale Kohärenz – inhaltliche Zusammenhänge verdeutlichen**

■ **Überleitung zu einer Argumentation**
- *Es gibt eine ganze Reihe von Argumenten, die diese Forderung (bzw. These, Haltung, Sichtweise ...) plausibel erscheinen lassen.*
- *Eine solche Forderung (These) lässt sich gut begründen/vertreten.*
- *Was spricht für eine solche Forderung (These)?*
- *Gegen eine solche Forderung (These) könnte eingewendet werden, dass ...*
- *Unumstritten ist eine solche Forderung (These) sicherlich nicht.*
- *Der Forderung (bzw. These, Haltung, Sichtweise ...) schließe ich mich (nicht) an.*

■ **Verknüpfung zweier gleichgerichteter Argumente**
- *Eine Begründung für diese Forderung lautet, dass ...*
- *Es lässt sich außerdem mit ... argumentieren.*
- *Als weiterer Grund für/gegen ist ... anzuführen: ...*
- *Man sollte auch auf ... hinweisen.*
- *Hinzu kommt, dass ...*
- *Es gilt auch den Aspekt ... zu bedenken.*
- *Im Übrigen gibt es wohl keinen Zweifel daran, dass ...*
- *Noch wichtiger erscheint mir das folgende Argument: ...*
- *Außerdem darf man nicht aus den Augen verlieren, dass ...*
- *Berufen kann man sich auch auf ..., der sich für (gegen) ... einsetzt / der ... befürwortet (ablehnt).*
- *Das wichtigste Argument für/gegen ... ist aber wohl, dass ...*
- *Ein zentraler Aspekt/Gedanke erscheint mir ebenfalls ...*

■ **Anschluss eines gegenteiligen Arguments**
- *Andererseits ist zu bedenken, dass ...*
- *Dem steht jedoch die folgende Einsicht gegenüber: ...*
- *Allerdings sollte man nicht vergessen, dass ...*
- *Allerdings muss auch die/der ... beachtet werden.*
- *Bleibt noch der folgende Einwand: ...*

■ **Einfügen eines Beispiels**
- *Es gibt z.B. ...*
- *Gerade Kinder (Jugendliche usw.) ...*
- *Auch in/bei ...*
- *... wenn beispielsweise ...*
- *Beispielsweise sind/ist ...*
- *..., so zum Beispiel ..., der/die/das ...*
- *Erinnert sei hier an ... / Wer erinnert sich nicht an ...*

2 Gestalten Sie Ihre Erörterung nachvollziehbar und damit überzeugend, indem Sie einen „roten Faden" vorgeben und die gedanklichen Zusammenhänge auch sprachlich verdeutlichen.
Dazu müssen Sie Ihre Arbeitsschritte schlüssig verbinden (z.B. mittels Rückbezügen oder Vorverweisen) und zentrale Aspekte deutlich hervorheben.

Verfassen Sie in Ihrem Kursheft eine zusammenhängende Stellungnahme zu Hans-Dieter Gelferts literaturwissenschaftlicher Interpretation.

a Bringen Sie Ihre Textbausteine aus Aufgabe 1 (► S. 66) durch Nummerierung in eine sinnvolle Reihenfolge.

b Verdeutlichen Sie die gedanklichen Zusammenhänge Ihrer Arbeitsschritte und Sätze, um Ihre Argumentation nachvollziehbar zu machen. Nutzen Sie hierzu die Formulierungshilfen (s.o.) und Verknüpfungswörter (► innere Umschlagseite hinten).

3 Überarbeiten Sie Ihre Stellungnahme mit Hilfe der folgenden Checkliste.

Checkliste Texte sprachlich präzise formulieren

Aspekt	Hinweise/Erläuterungen	Bemerkungen
Aufgabe	■ Habe ich alle Teilaufgaben angemessen gewichtet? ■ Fehlen wichtige Aspekte? Gibt es Abschweifungen?	
Kohärenz	■ Habe ich meine gedankliche Struktur aufs Papier gebracht? ■ Passen die Ausführungen inhaltlich zusammen? ■ Gibt es Widersprüche oder Gedankensprünge? ■ Habe ich die einzelnen Arbeitsschritte schlüssig verbunden? ■ Habe ich verschiedene Ebenen (z.B. These, Argument, Gegenargument, Beleg) in meinen Überlegungen deutlich gemacht? ■ Gibt es logische Brüche (z.B. entstanden beim nachträglichen Einfügen von Gedanken und Sätzen)? ■ Habe ich meine Sätze schlüssig verbunden? ■ Habe ich verschiedene logische Verknüpfungswörter genutzt? ■ Beziehen sich Relativpronomen oder sonstige Verweiswörter klar genug auf den vorhergehenden Satz? ■ Besteht der durch Konjunktionen und Adverbien behauptete logische Zusammenhang tatsächlich?	
Fachsprache/ Fachmethode	■ Habe ich Fachbegriffe, die man von mir in diesem Text erwarten könnte, in sinnvollem Zusammenhang verwendet? ■ Habe ich den Fachwortschatz zur Fundierung meiner Analyse genutzt oder nur am Rande eingesetzt?	
Redewiedergabe	■ Habe ich die Regeln der Redewiedergabe beachtet? ■ Habe ich angemessen und korrekt zitiert?	
Klarheit/ Sachlichkeit	■ Ist meine Schreibweise sachlich? ■ Ist alles präzise zum Ausdruck gebracht oder könnten beim Lesen Missverständnisse entstehen?	
Satzbau	■ Habe ich Wortwiederholungen vermieden? ■ Ist der Satzbau abwechslungsreich? ■ Habe ich Schachtelsätze vermieden?	
sprachliche Richtigkeit	■ Habe ich meinen Aufsatz mit Blick auf Rechtschreibung, Grammatik und Zeichensetzung korrigiert?	

4.1 Basistraining: In fünf Schritten materialgestützt einen Text verfassen

Info **Materialgestütztes Schreiben**

Beim materialgestützten Verfassen eines Textes trainieren Sie Arbeitstechniken, die Sie an der Universität und im Berufsleben immer wieder benötigen werden: Sie üben, einen informierenden Text zu schreiben

- zu einem vorgegebenen **Anlass und Ziel** (Sachinformationen und/oder Stellungnahme zu Themen wie z.B. „Medienkonsum von Jugendlichen", „Aufführung der Theater-AG", „politisch korrekter Sprachgebrauch"),
- für einen bestimmten **Adressatenkreis** (z.B. Elternvertretung, Schülerschaft, Leser/innen einer bestimmten Zeitung),
- unter Berücksichtigung der Merkmale der jeweiligen **Textsorte** (z.B. Leserbrief, Flyer, Lexikonartikel, Essay).

Dabei ist die Aufgabenstellung so formuliert, dass Sie ihr die oben genannten wichtigen Informationen entnehmen können. Das Material kann aus Sachtexten (Interview, Reportage, Studie ...) und literarischen Texten (Romanauszug, Dramenszene ...) bestehen, beinhaltet in der Regel jedoch auch Grafiken, Diagramme und Bilder.

Aufgabenbeispiel

Ihre Schule hat von einer TV-Produktionsfirma das Angebot erhalten, eine Vorauswahl für eine TV-Castingshow (Talentschau) in der Aula zu veranstalten. Allerdings gibt es in der Schulkonferenz zwischen den Vertretern der Schüler-, Eltern- und Lehrerschaft kontroverse Diskussionen darüber, ob eine solche Veranstaltung angemessen ist und ob das Zeigen von Ausschnitten im Fernsehen gestattet werden sollte. Die Abstimmung über diesen Punkt ist auf die nächste Konferenz verschoben worden, damit sich alle Konferenzmitglieder ausreichend informieren können. Ihre Aufgabe ist es nun, ein Informationsblatt zu erstellen, das den Konferenzmitgliedern als Grundlage dienen kann.

Verfassen Sie auf der Grundlage der Materialien M1 bis M5 einen informierenden Text, in dem Sie
- den Ablauf und die Ziele einer Castingshow erläutern,
- die Erfahrungen bisheriger Castingshow-Teilnehmer/innen darstellen,
- die Argumente und Standpunkte in der öffentlichen Diskussion über Castingshows erläutern.

M1 Landesmedienzentrum Baden-Württemberg: **Castingshows** (2013)

„Hi, ich bin Finn, bin 14 Jahre alt, komm aus Königsheim und geh in die neunte Klasse ... Wäre schon cool, wenn ich auch so groß rauskommen würde wie Nick Howard." Tim hat lässig eine Gitarre in der Hand und berichtet, wie er in der Fußgängerzone bereits 700 Euro eingespielt hat. Ganz mutig wirkt auch Chelsea: „Ich fühle mich wie eine kleine Prinzessin. Ich heiße Chelsea, bin acht Jahre alt, geh in die dritte Klasse und komme aus der Schweiz. Singen macht mir einfach Spaß." Die zwölfjährige Sarah behauptet sogar: „Meine Klassenkameraden sagen immer, ich habe eine Powerstimme und bin powervoll und bin sozusagen eine Powerfrau ..." So oder so ähnlich klingen die zusammengeschnittenen Interviews, in denen man die Protagonisten des aktuellsten Casting-Formats von Sat.1 kennenlernen kann. [...]

Vermittlung fragwürdiger Wertvorstellungen

Am Freitag, den 5. April, wurde das neue Format *[The Voice Kids]* auf Sat.1 gestartet, bei dem junge Talente zwischen acht und vierzehn Jahren gegeneinander um die Auszeichnung als beste Kinderstimme im deutschen Privatfernsehen wetteifern. Über Castingshows wie *Deutschland sucht den Superstar* ist bereits viel geschrieben und geforscht worden: die „beste Unterhaltungssendung 2008" laut dem Deutschen Fernsehpreis oder „entfesselte Schadenfreude, schmierig ausgewalzte Schicksale und zynisch ausgebeutete Emotionen", wie Fernsehkritiker Bernd Gäbler verlauten lässt. Zu den Kritikern zählen auch Medienpädagogen, die warnen, dass die Shows gesellschaftliche Werte vermitteln, die unter ethischen Aspekten fragwürdig sind: Egoismus, Sexismus sowie übermäßiger Leistungsdruck. „Erziehung zum Gehorsam" ist laut Erziehungswissenschaftlerin Maya Götz eines der Lernziele von Castingshows.

Medienforscher warnt vor Teilnahme an Castingshows

Eltern sollten solche Bedenken ernst nehmen. Laut aktuellen Umfragen des Internationalen Zentralinstituts für das Jugend- und Bildungsfernsehen wollen die Hälfte aller weiblichen Fans von Castingshows selber an einer solchen teilnehmen. Bei den Jungen ist es immerhin ein Drittel. Drei Viertel aller befragten Jugendlichen halten „die Teilnahme an einer Castingshow im Fernsehen für die größte Chance im Leben". Medienforscher Bernd Schorb warnt allerdings Eltern eindringlich davor, Kinder an solchen Sendungen teilnehmen zu lassen. Zu hoch sei die Gefahr „bleibender Schäden". Für manch ehemaligen Kandidaten stellte die Teilnahme „eine psychische Überforderung [dar], die zum Teil zu jahrelanger Häme oder auch zu psychischer Krankheit" führte. Als Karrieresprungbrett dienten Castingshows hingegen nur in wenigen Ausnahmen. [...]

M2 Landesanstalt für Medien NRW: **Befragung von 55 ehemaligen Teilnehmern von Castingshows** (2013)

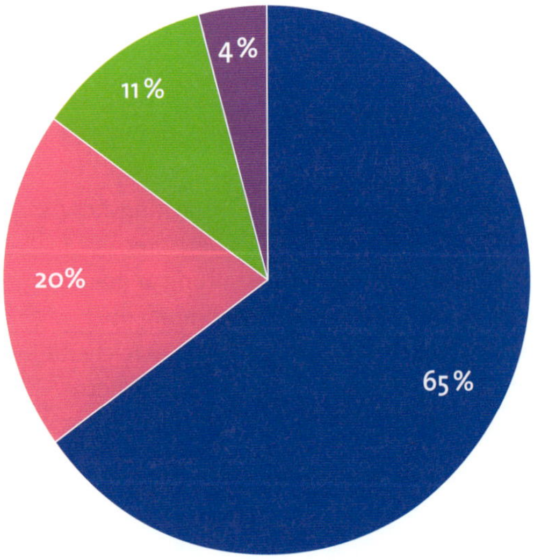

Abbildung:
„Die Teilnahme an der Castingshow war eine tolle Erfahrung"

- stimmt total
- stimmt eher
- stimmt eher nicht
- stimmt gar nicht

n = 55 KandidatInnen von unter 18 bis ca. 40 Jahren

M3 Irina Fernandes[1]: **DSDS und GNTM – Zeitgeistphänomen Castingshow** (2010)

[...] Medienpsychologe Jo Groebel ist sich sicher, dass diese TV-Formate eine Zukunft haben. [...] Früher habe man warten müssen, bis man entdeckt wurde – heute könne man selbst aktiv werden, indem man sich bei solchen Shows bewerbe.

Groebel sieht durchaus lobenswerte Auswirkungen von Castingshows auf die Zuschauer: „Menschen werden angeregt, danach zu schauen, ob sie nicht auch ein besonderes Talent haben." Ein weiteres positives Signal sei es, wenn arbeitslose Kandidaten wie in den vergangenen DSDS-Staffeln zeigten, dass sie doch nicht so faul seien, wie ihnen gerne unterstellt werde, „sondern dass sie sich richtig anstrengen und Leistung erbringen".

Als negativen Punkt führt der Medienexperte an, dass die Castingshows möglicherweise Illusionen schaffen, weil manche Zuschauer glaubten, durch vergleichsweise überschaubaren Aufwand zu größten Superstars werden zu können. Sein zentraler Kritikpunkt an diesen TV-Formaten ist jedoch ein anderer: „Die Ausbeutung derer, die unfreiwillig peinlich sind und vorgeführt werden, ist moralisch absolut verwerflich." Dennoch gibt Groebel „bei aller Schelte für die Castingshows" zu bedenken: „Innerhalb dieses Genres gibt es keine laborgezüchteten Kunstprodukte, sondern Menschen, die ein gewisses Talent haben müssen – sonst würden sie keine Stimmen bekommen."

1 **Irina Fernandes** arbeitet als freie Journalistin. Ihre thematischen Schwerpunkte sind Bildung, Kultur, Politik, Justiz und Gesellschaft.

M4 Maya Götz[2]: **Musik-Castingshows in Deutschland** (2013)

Im Jahr 2000 lief mit *Popstars* die erste deutsche Musik-Castingshow. *Popstars* folgten diverse andere Formate. Die erfolgreichste Sendung in Deutschland ist seit Jahren *Deutschland sucht den Superstar* (RTL). Bei Castingshows werden Menschen in einem Auswahlprozess mit der Kamera begleitet. Um es für die Zuschauer spannender zu machen, werden gezielt Kandidatinnen und Kandidaten gesucht, über die man sich lustig machen kann, die genügend Stoff für eine interessante Geschichte bieten oder in die man sich potenziell verlieben könnte. Um die Sendung interessant zu halten, werden die Aufnahmen im Nachhinein redaktionell bearbeitet, d. h. gezielt ausgewählt, mit Musik unterlegt, der Ton und das Bild elektronisch nachbearbeitet etc.

[...]

Die Kandidaten und Kandidatinnen

Mitmachen können Mädchen und Jungen je nach Show ab 16 oder 18 Jahren. Ihre Motivation ist unterschiedlich: Sie wollen sich oder anderen etwas beweisen und berühmt werden oder ihren musikalischen Werdegang mit der Teilnahme beschleunigen. Andere bewerben sich aus Spaß oder wollen mal die Moderatoren bzw. Juroren kennenlernen. Durch die hohe Anzahl an Shows und den gestiegenen Bedarf an Teilnehmern ist es mittlerweile üblich, dass auch professionelle Musiker und Musikerinnen direkt von der Produktionsfirma eingeladen werden, z. B. bei *X-Factor* oder *The Voice of Germany*.

Das erste Casting

Den öffentlichen Casting-Aufrufen folgen Tausende. Es werden Fragebögen ausgeteilt und vertraglich die Ausstrahlungsrechte und persönliche Informationen eingeholt. Dann heißt es warten. Erst nach einem Auftritt vor einer Vorjury wählt die Redaktion diejenigen aus, die am besten in das Sendungskonzept passen. Lediglich die Ausgewählten singen dann der prominenten Jury vor.

Abgabe der Bildrechte

Die Teilnehmerinnen und Teilnehmer treten in der Regel vertraglich ihr Recht an ihrem Bildmaterial und den Tonausschnitten an die Produktionsfirma ab. Die Produktionsfirma darf über das gefilmte Material uneingeschränkt verfügen, dieses also kürzen, ändern oder verfremden und so oft sie will ausstrahlen und ins Internet stellen etc.

Das „Erlebnis Castingshow-Teilnahme" – eine Abfolge von enormen Herausforderungen mit hohem Krisenpotenzial

Ehemalige Castingshow-Teilnehmerinnen und -Teilnehmer berichten neben Erfolgserlebnissen auch von Problembereichen:

- Das „Erlebnis Castingshow-Teilnahme" an sich ist körperlich und emotional ausgesprochen anstrengend. Insbesondere die Bühnenshows stellen eine Leistungsanforderung dar, die auch erfahrene Profis an ihre Grenzen bringen würde.
- Die Teilnehmerinnen und Teilnehmer fühlen sich von den Medienmachern in einer bestimmten Weise dargestellt, die von ihnen selbst nur sehr bedingt beeinflusst werden kann. Das kann verärgern und verletzen.
- Zurück in ihrem sozialen Umfeld, werden Teilnehmerinnen und Teilnehmer nach ihrem „Rausschmiss" von Bekannten, aber auch Fremden auf ihren Auftritt angesprochen. Gerade wenn man in der Show als Versager dargestellt wurde, ist die Rückmeldung oft heftig und schwer zu ertragen. Selbst nach einer erfolgreichen Castingshow-Teilnahme bleibt oft ein bitteres Gefühl zurück, denn einen verlässlichen Einstieg in das Showbusiness bietet diese nicht.

---

2 **Maya Götz** erforscht schwerpunktmäßig den Bereich „Kinder und Jugendliche im Fernsehen". Den vorliegenden Text schrieb sie für die Broschürenreihe tv.profiler, die sich mit aktuellen TV-Formaten beschäftigt.

Erster Schritt: Die Aufgabenstellung verstehen

Methode **Die Aufgabenstellung verstehen**

Damit Sie die verschiedenen Materialien strategisch auswerten und einen inhaltlich schlüssigen Text verfassen können, müssen Sie die Ausgangssituation und die Aufgabenstellung genau verstehen. Dabei helfen Ihnen folgende Leitfragen:

- Was ist das Thema des informierenden Textes?
- Was sind Anlass und Ziel des geforderten Textes?
- Welche Textsorte wird verlangt? Was wissen Sie über diese Textsorte?
- Wer sind die Adressaten? Welche Erwartungen haben sie in Bezug auf Inhalt und Schreibweise des Textes?
- Welche Operatoren kommen in der Aufgabenstellung vor und was ist damit gemeint?
- Auf welche Aspekte sollen Sie in dem Text eingehen?

1 Lesen Sie das Aufgabenbeispiel (▸ S. 69) aufmerksam und markieren Sie Schlüsselbegriffe und relevante Aspekte farbig. Verwenden Sie dabei für jeden Aspekt eine eigene Farbe.

2 Kreuzen Sie an, welche Arbeitsschritte die Aufgabenstellung von Ihnen verlangt.

	Ich soll ...	richtig	falsch
a	den genauen Inhalt aller Materialien wiedergeben.	☐	☐
b	meine eigene Einstellung zu Castingshows einfließen lassen.	☐	☐
c	die Erfahrungen von ehemaligen Teilnehmern an Castingshows berücksichtigen.	☐	☐
d	über Chancen und Risiken der Teilnahme an einer Castingshow informieren.	☐	☐
e	einen sachlich begründeten Vorschlag für das Abstimmungsverhalten formulieren.	☐	☐
f	in meinem Text die sprachliche Gestaltung der Materialien berücksichtigen.	☐	☐
g	die Gestaltung meines Textes speziell auf Schüler der Sek II als Zielgruppe ausrichten.	☐	☐

Zweiter Schritt: Erstes Textverständnis und Ideen formulieren

Tipp **Vorwissen aktivieren**

Wenn man einen unbekannten Text verstehen und neue Informationen erfassen möchte, sollte man bewusst sein Vorwissen aktivieren. So können neue Informationen mit dem bereits vorhandenen Wissen im Gehirn verknüpft und besser verarbeitet werden. Eine ideale Methode dafür ist die Mindmap. In einer Prüfungssituation mit Zeitdruck hilft es jedoch bereits, kurz über das Themengebiet nachzudenken und sich sein Vorwissen bewusst zu machen.

1 Aktivieren Sie Ihr Vorwissen zum Thema Castingshows.
Ergänzen Sie dazu die folgende Mindmap in Ihrem Kursheft.

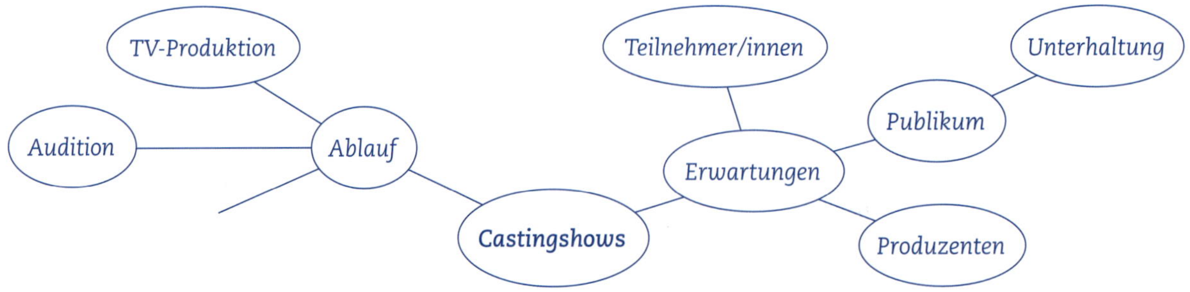

2 Verschaffen Sie sich einen ersten Überblick über M1 bis M4:
- Lesen Sie jeweils die Überschriften.
- Überfliegen Sie die Texte bzw. betrachten Sie die Grafik.
- Notieren Sie, in welchem Material Sie vermutlich Informationen zu welchem inhaltlichen Aspekt finden: Ablauf einer Castingshow, Erfahrungen bisheriger Teilnehmer/innen, Argumente und Standpunkte in der öffentlichen Diskussion.

M1: Erfahrungen, Ablauf

M2:

M3:

M4:

Dritter Schritt: Die Materialien gezielt lesen

1 Lesen Sie die Texte (M1, 3, 4) nun gezielt. Sie können sich am Beispiel zu M4 unten orientieren.
- Markieren Sie in verschiedenen Farben, welche Informationen zu welchen Untersuchungsaspekten gehören.
- Nutzen Sie den Rand neben dem Text für Notizen: Hier können Sie versteckte Informationen festhalten, Beziehungen zu anderen Materialien herstellen oder Informationen mit eigenen Worten zusammenfassen.

Aspekt: Ablauf einer Castingshow Ziele von Castingshows

Im Jahr 2000 lief mit *Popstars* die erste deutsche Musik-Castingshow. *Popstars* folgten diverse andere Formate. Die erfolgreichste Sendung in Deutschland ist seit Jahren *Deutschland sucht den Superstar* (RTL). Bei Castingshows werden Menschen in einem Auswahlprozess mit der Kamera begleitet. Um es für die Zuschauer spannender zu machen, werden gezielt Kandidatinnen und Kandidaten gesucht, über die man sich lustig machen kann, die genügend Stoff für eine interessante Geschichte bieten oder in die man sich potenziell verlieben könnte. Um die Sendung interessant zu halten, werden die Aufnahmen im Nachhinein redaktionell bearbeitet, d. h. gezielt ausgewählt, mit Musik unterlegt, der Ton und das Bild elektronisch nachbearbeitet etc.

Ablauf: TV-Produktion einer Auswahl
Ziel: Unterhaltung des Publikums (Spannung erzeugen, Interesse wecken)
Ablauf → indirekte Kritik?

Ablauf: redaktionelle Bearbeitung

2 a Schauen Sie sich die Grafik M2 (► S. 70) an. Geben Sie an, worüber das Tortendiagramm informiert.

Die Grafik gibt Auskunft über die Bewertung

b Notieren Sie die Quelle und die Datengrundlage des Diagramms.
Beurteilen Sie, wie repräsentativ die Ergebnisse mit Blick auf die Datengrundlage sind.

Die Datengrundlage ist die Befragung von 55

Formulierungsbausteine **Diskontinuierliche Texte auswerten**

- *Das Diagramm gibt Auskunft über ... / Das Schaubild informiert über ...*
- *Die Grafik zeigt die Ergebnisse einer Studie/Umfrage ...*
- *Datenbasis ist / Die Datengrundlage ist ... / Befragt wurden ... / Untersucht wurde ...*
- *Auffällig ist ... / Am meisten/wenigsten ...*
- *Der Grafik ist zu entnehmen, dass ... / Insgesamt zeigt das Diagramm ... / Das Schaubild belegt, dass ...*

3 Erschließen Sie das Diagramm M2 genauer. Nutzen Sie dazu den Infokasten auf Seite 12.

a Fassen Sie die für die Aufgabenstellung relevante Aussage des Diagramms mit eigenen Worten zusammen:

Das Tortendiagramm zeigt, dass 85 %

b Setzen Sie die Aussage des Diagramms in Beziehung zu den Informationen in den Texten M1 und M3–4: Prüfen Sie, ob sie Informationen in den Texten ergänzt, bestätigt oder im Widerspruch dazu steht.

Vierter Schritt: Den Schreibplan erstellen und den Text schreiben

Info **Informationen filtern, strukturieren und vernetzen**

Beim materialgestützten Schreiben werden zunächst die relevanten Informationen in den Einzelmaterialien markiert und erschlossen. Dann müssen sie mit Blick auf die Aufgabenstellung gefiltert, neu strukturiert und vernetzt werden.

Dabei ist es wichtig, ...

- Einzelinformationen den vorgegebenen Aspekten zuzuordnen,
- für das Schreibziel überflüssige Informationen auszusortieren,
- mehrfach vorkommende Informationen zusammenzufassen,
- widersprüchliche Informationen zu markieren.

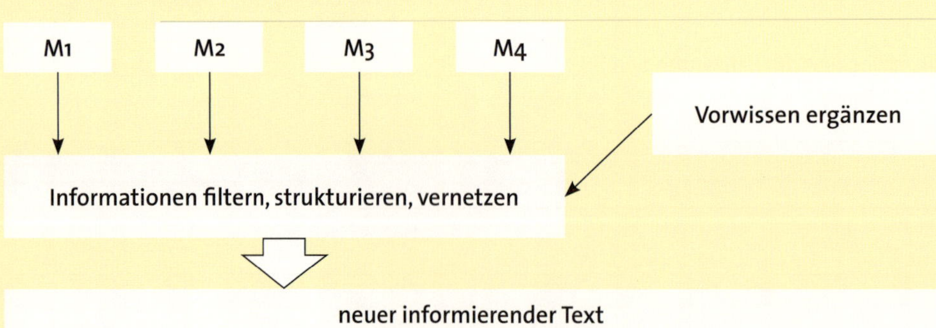

1 Übernehmen Sie die Tabelle auf Konzeptpapier. Ordnen Sie die Informationen aus den Texten und Ihre Randbemerkungen den Überschriften zu. Lassen Sie überflüssige Informationen außen vor und fassen Sie ggf. zusammen.

Ablauf von Castingshows	Ziele von Castingshows	Erfahrungen von Teilnehmern	öffentliche Diskussion
– Auswahlprozess vor Kamera – Suche nach Kandidaten, die interessant sind oder Identifikationspotenzial bieten – ...	– Unterhaltung des Publikums – Vermarktung der Sendung – ...	...	...

2 Merken Sie in Ihrem Kursheft zu einzelnen Unterpunkten Zitate vor, die Sie später in Ihren Text einbauen möchten. Notieren Sie die Textstellen jeweils mit Material- und Zeilennummer.

3 In welche sachlichen Zusammenhänge möchten Sie die einzelnen Sachinformationen in Ihrem Text einordnen? Greifen Sie dabei auf Ihre Mindmap aus Schritt 2 (S. 72, Aufg. 1 unten) zurück. Notieren Sie in Ihrem Kursheft, z. B.: *Marktorientierung von Privatsendern, pädagogisches Leitbild von Schulen …*

4 Ziehen Sie Schlussfolgerungen aus den gesamten Materialien. Sie können z. B.

A die Warnungen von Medienforschern und die Erfahrungen von Teilnehmern vergleichen und ggf. Widersprüche zu erklären versuchen,

B die Erwartungen und Hoffnungen von Teilnehmern mit den rückblickenden Erfahrungsberichten vergleichen,

C den unterschiedlichen Ablauf verschiedener Castingshows reflektieren.

Info **Die gedankliche Struktur von informierenden Texten**

Informierende Texte sollten einer **gedanklichen Struktur** folgen. Somit wird für die Leser/innen klar, wie die einzelnen Informationen zusammenhängen, und sie werden durch den Text geleitet. Die gedankliche Struktur wird von der konkreten Aufgabenstellung bestimmt und zum Teil durch die Untersuchungsaspekte vorgegeben. Beispiele:

- **Frage → Antwort → Folgerung,** z. B.: *Frage: Soll eine Castingshow an unserer Schule stattfinden? → Antwort: Einiges spricht dafür, anderes dagegen: Castingshows arbeiten mit Einflussnahme auf ... Kandidaten berichten z. T. von ..., aber auch von ... → Folgerung: kritisch prüfen, ob ...*
- **Ursachen → Wirkung → Folgen,** z. B.: *Ursache: Bei TV-Sendungen zählt für die Produzenten vor allem die Einschaltquote → Wirkung: Fokus auf möglichst hohem Unterhaltungswert ...*
- **Problem → Lösung → Umsetzung,** z. B.: *Problem: Castingshows können Studien zufolge negative Auswirkungen auf Teilnehmer/innen (Selbstbild) und auch auf Zuschauer/innen (vermittelte Werte/Bilder) haben → ...*

Sinnvoll ist auch hier die **formale Gliederung in Einleitung, Hauptteil und Schluss** sowie eine **Überschrift.**

5 Skizzieren Sie eine gedankliche Struktur für den Hauptteil Ihres Textes. Beziehen Sie dabei auch ein:

- die „Bausteine“ für den geforderten Text aus der Aufgabenstellung (S. 69): *Ablauf und Ziele von Castingshows, Erfahrungen bisheriger Teilnehmer/innen, Standpunkte und Argumente in der öffentlichen Diskussion,*
- Ihre Tabelle aus Aufgabe 1 oben.

6 Was müssen Sie hinsichtlich Textsorte, Adressatenkreis und kommunikativer Situation für das Schreiben beachten (vgl. Schritt 1, S. 72)? Kreuzen Sie an.

a	Ich muss auf eine für ein Informationsblatt angemessene Textlänge achten.	☐
b	Mein Text muss für Eltern, Schüler/innen und Lehrer/innen gut verständlich sein und ihren Wissensstand berücksichtigen.	☐
c	Ich sollte die Ergebnisse meiner Materialanalysen möglichst umfassend darstellen.	☐
d	Meine emotionale Betroffenheit oder Begeisterung für das Thema sollte spürbar werden.	☐
e	Ich sollte ein möglichst anspruchsvolles Fachvokabular verwenden.	☐
f	Ich sollte möglichst plakative Beispiele finden und detailliert Erlebnisse aus Castingshows nacherzählen.	☐
g	Ich sollte am Ende des Textes begründet Position zum Thema beziehen.	☐

7 Notieren Sie mit Blick auf Adressatenkreis und Textsorte Elemente der sprachlichen Gestaltung, die Sie in Ihrem Text einsetzen wollen. Begründen Sie jeweils kurz.

Leseranrede: persönliche Anrede *(Sie/Ihr ...)* / unpersönlicher Stil *(man ...)*
Satzbau: kurze/prägnante Sätze / lange Sätze / Satzgefüge / Nominalstil / ...
Wortwahl: Verständlichkeit, Stilebene, allgemein verständliche Ausdrücke / Fachvokabular ...

____

____

____

____

____

8 Die Überschrift und die Einleitung Ihres Textes sollen den Adressaten Thema, Anlass und Funktion Ihres Informationsblattes vermitteln und ihr Interesse wecken. Prüfen Sie unter diesen beiden Aspekten die folgenden Einleitungen. Markieren Sie gelungene Formulierungen grün und weniger geeignete Formulierungen rot und notieren Sie Anmerkungen und/oder Korrekturvorschläge darüber.

Beispiel 1 ***Castingshow in der Schule – voll daneben!***

Liebe Leute,

nachdem die Schulkonferenz bei der letzten Sitzung so derbe diskutiert hat, haben wir uns jetzt mal hingesetzt und ein paar wichtige Infos über Castingshows zusammengestellt. Können wir wirklich so eine Show in unserer Schule durchziehen? Wir glauben: Nein! Und das wollen wir hier auch begründen!

Beispiel 2 ***Castingshow – Wir haben es in der Hand***

Liebe Mitglieder der Schulkonferenz,

wir alle haben sie schon einmal im TV gesehen: Talente, Models und angehende Superstars präsentieren ihr Können vor Dieter Bohlen, Heidi Klum und anderen Promi-Juroren. Diese Welt des Fernsehens könnte bald zu uns an die Schule kommen, mit all ihren Vorteilen und Nachteilen. Wir, die Mitglieder der Schulkonferenz, haben die Entscheidung in der Hand: Sollen Schule und TV zusammenfinden?

Beispiel 3 ***Castingshow – Träume und Krisen***

Sehr geehrte Eltern, sehr geehrte Lehrerinnen und Lehrer, liebe Mitschülerinnen und Mitschüler,

„Das ‚Erlebnis Castingshow-Teilnahme' – eine Abfolge von enormen Herausforderungen mit hohem Krisenpotenzial" – so fasst die Landesanstalt für Medien NRW die Erfahrungen ehemaliger Castingshow-Teilnehmer zusammen. Zeitnah müssen wir als Schulkonferenz entscheiden, wie wir dieses Krisenpotenzial bewerten – ob wir also das Angebot der Produktionsfirma annehmen oder nicht. Für diese Abstimmung soll Ihnen dieser Text eine Informationsgrundlage bieten, indem hier die Arbeitsweise und Ziele einer Castingshow erläutert werden, von Erfahrungen ehemaliger Teilnehmer berichtet und die öffentliche Diskussion skizziert wird.

9 Verfassen Sie in Ihrem Kursheft eine eigene Überschrift und eine Einleitung.
Greifen Sie Elemente aus den Beispielen oben auf, die Sie gelungen finden.

Info **Redewiedergabe in informierenden Texten**

Sie können Darstellungen aus den verwendeten Fremdtexten auf unterschiedliche Weise wiedergeben: in eigenen Worten (paraphrasierend), in indirekter Rede oder als wörtliches Zitat. Dabei müssen Sie beim materialgestützten Schreiben keine vollständigen Quellen- und Zeilenangaben machen, wie es beim streng wissenschaftlichen Arbeiten erforderlich ist.
Material und Autor/in sollten jedoch kurz vorgestellt werden, damit die Leser/innen den Zusammenhang des Zitats nachvollziehen und die Quelle bewerten können. Es macht beispielsweise einen Unterschied, ob eine Aussage aus einer wissenschaftlichen Studie, aus einem Zeitungskommentar oder aus einem Artikel einer Boulevardzeitung entnommen ist. Beispiele: *Der Medienpsychologe Jo Groebel weist darauf hin, dass … / Eine Umfrage der Landesanstalt für Medien NRW mit 55 Teilnehmern hat ergeben, dass …*

10 Erklären Sie, an welchen Stellen es notwendig oder zumindest sinnvoll ist, die Informationsquellen zu nennen.
Mögliche Aspekte sind Bewertung der Glaubwürdigkeit und Darstellungsinteresse der Quelle.

____

____

____

____

11 Vervollständigen Sie die folgenden Sätze:

Eine wissenschaftliche Befragung von 55 ehemaligen Teilnehmerinnen und Teilnehmern von Castingshows hat ergeben, dass die Mehrheit ______________________________

______________________________.

In einer Publikation des Landesmedienzentrums Baden-Württemberg wird auf die Risiken einer Castingshow-Teilnahme hingewiesen: ______________________________

____

____

12 Überarbeiten Sie die Formulierungen so, dass die Leser/innen Zusammenhang und Quelle nachvollziehen können:
Herr Groebel gibt zu bedenken, dass Castingshows Eigeninitiative und Leistungsbereitschaft wecken. (▶ M3, Z. 4 ff.)

„Es werden gezielt Kandidatinnen und Kandidaten gesucht, über die man sich lustig machen kann“, so Maya Götz. (▶ M4, Z. 5)

13 Vergleichen Sie das Schreiben eines informierenden Textes mit dem Schreiben einer Textanalyse.
Notieren Sie Gemeinsamkeiten (Schnittmenge) und Unterschiede. Übernehmen Sie dazu das angedeutete Schnittmengendiagramm in Ihr Kursheft, ordnen Sie die Begriffe aus dem Wortspeicher ein und ergänzen Sie ggf.

Auswertung mehrerer Materialien unter inhaltlichen Aspekten • methodisches Vorgehen („Arbeitsschritte“) • Orientierung am Schreibziel und am Adressatenkreis • umfassendes Untersuchen eines Textes • Beachtung von inhaltlichen wie auch sprachlich-formalen Aspekten • Orientierung an Vorgaben zur Struktur einer schriftlichen Analyse

Verfassen eines informierenden Textes **Verfassen einer Textanalyse**

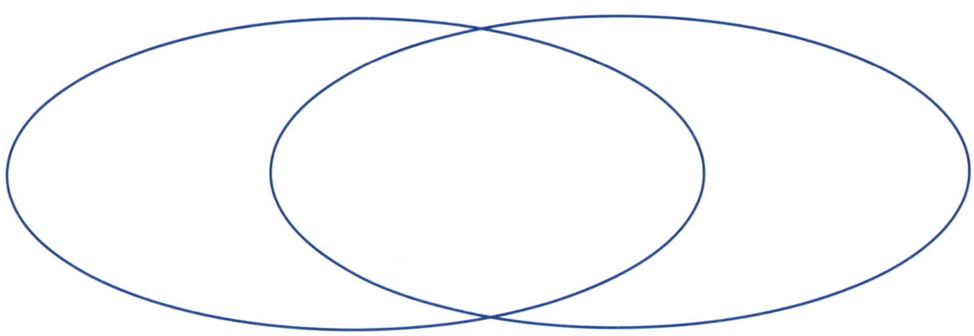

14 Verfassen Sie den Hauptteil Ihres Textes. Orientieren Sie sich an Ihrer Gliederung (▶ S. 75, Schritt 4, Aufg. 5) und berücksichtigen Sie Ihre Überlegungen zur sprachlichen Gestaltung sowie zum Umgang mit den Informationsquellen.

Tipp **Den Schluss eines informierenden Textes formulieren**

Für den **Schlussteil** Ihres Textes gibt es zwei grundsätzliche Möglichkeiten:
A In der Aufgabenstellung ist der Schluss nicht ausdrücklich erwähnt. Dann können Sie **relativ frei** gestalten: Fassen Sie zentrale Gedanken nochmals zusammen, schlagen Sie den Bogen zurück zur Einleitung (Rahmenstruktur), geben Sie einen Ausblick, ordnen Sie das Thema in größere Zusammenhänge ein ...
B Die Aufgabenstellung fordert ausdrücklich eine **abschließende Schlussfolgerung**/Konsequenz, z. B. in der Art: „Geben Sie abschließend eine begründete Empfehlung zum Abstimmungsverhalten ab.“
Achten Sie in diesem Fall darauf, dass der Hauptteil inhaltlich-logisch auf diesen Schluss hinsteuert.

15 Schreiben Sie den Schlussteil Ihres Textes in Ihr Kursheft.
Geben Sie zuletzt Ihrem Text eine treffende und ansprechende Überschrift.

Fünfter Schritt: Den eigenen Text überarbeiten

Tipp **Textüberarbeitung**

Kein Profi verfasst einen perfekten Text in einem einzigen Durchgang, sondern in der Regel sind mehrere Überarbeitungs- und Korrekturdurchgänge notwendig. Achten Sie dabei am besten jeweils auf einen Schwerpunkt:

1) **Inhaltliche Richtigkeit:** Stimmen die Fakten? Haben Sie alle relevanten Informationen berücksichtigt?
2) **Kohärenz:** Besitzt Ihr Text einen **gedanklichen Zusammenhang,** der durch die Lektüre leitet? Ist der Aufbau logisch und schlüssig, wird zu einer begründeten Schlussfolgerung hingeführt? Unterstützen Sie die gedankliche Kohärenz mit sprachlichen Mitteln:
   - Adverbien und Konjunktionen (*da, weil, denn, obwohl, indem, folglich* ... → hintere innere Umschlagseite),
   - erklärende Formulierungen *(Seine positive Sichtweise stützt der Medienexperte durch ...).*
3) **Sprachliche Richtigkeit und Prägnanz:** Rechtschreibung, Zeichensetzung, Grammatik (Satzbau), Ausdruck.

1 Untersuchen Sie die zwei folgenden Schülerbeispiele mit Blick auf ihre gedankliche Kohärenz.

a In welchem Klausurausschnitt ist der gedankliche Zusammenhang schlüssiger formuliert? Kreuzen Sie an.

b Unterstreichen Sie im Text die Formulierungen, die zur Kohärenz beitragen.

A ☐ *Im Gegensatz zur grundsätzlich kritischen Position der Landesanstalt für Medien NRW hebt Medienpsychologe Groebel auch zwei positive Aspekte von Castingshows hervor: Zum einen motivierten sie die Menschen dazu, ihre besonderen Talente zu entdecken und zu entwickeln. Zum anderen böten sie große Chancen, da die Kandidaten zeigen könnten, dass „sie sich richtig anstrengen und Leistung erbringen". Dennoch fällt auch sein Urteil ambivalent aus. Für ihn besteht nämlich die zentrale Gefahr bei Castingshows in der Verletzung der Würde der Kandidaten, um damit Einschaltquote zu erzielen: „Die Ausbeutung derer, die unfreiwillig peinlich sind und vorgeführt werden, ist moralisch absolut verwerflich."*

B ☐ *Die Landesanstalt für Medien NRW kritisiert die Castingshows grundsätzlich. Medienpsychologe Groebel sagt, dass sie Menschen dazu motivierten, ihre besonderen Talente zu entdecken und zu entwickeln. Er erklärt auch, dass sie große Chancen für die Menschen bieten. Außerdem warnt er davor, dass bei Castingshows die Würde der Kandidaten verletzt werden könnte: „Die Ausbeutung derer, die unfreiwillig peinlich sind und vorgeführt werden, ist moralisch absolut verwerflich."*

2 Überarbeiten Sie Ihren eigenen informierenden Text mit Hilfe der folgenden Checkliste.

Checkliste **Materialgestützt einen Text verfassen**

- Habe ich **alle relevanten Informationen** zum Thema aufgenommen und korrekt wiedergegeben?
- Habe ich **auf Aspekte und Informationen verzichtet,** die nicht für die Aufgabenstellung relevant sind?
- Habe ich die inhaltlichen **Widersprüche** zwischen den Materialien differenziert erwähnt?
- Habe ich **zusätzliches Wissen** ergänzt?
- Habe ich die **Informationsquellen** kurz vorgestellt und **korrekt zitiert bzw. paraphrasiert?**
- Hat der Text eine treffende und ansprechende **Überschrift?**
- Gliedert sich der Text in **Einleitung, Hauptteil** und **Schluss?**
- Habe ich diese Gliederung durch **Absätze** deutlich gemacht?
- Habe ich eine **klare gedankliche Struktur** entwickelt?
- Wird sie durch die **sprachliche Gestaltung** deutlich?
- Ist der Text **sachlich** formuliert und dem **Schreibziel** sowie dem **Adressatenkreis** angepasst?
- Ist der Text **sprachlich richtig?**

4.2 Vertiefende Übungen: Informationen erschließen, auswählen, wiedergeben

Aufgabenbeispiel

Im Jahr 2013 veröffentlichen Bildungsforscher mehrerer Universitäten die Studie „Jugend.Leben“. Die Studie sollte durch eine breit angelegte Befragung ein objektives Bild der Lebenswirklichkeit der Jugend von heute vermitteln. Die Veröffentlichung ist für Ihre Regionalzeitung der Anlass für eine neue Artikelserie: Jugendliche sollen den Zeitungslesern typische Phänomene und Erfahrungen der heutigen Jugendwelt vorstellen und erklären, z. B. Berufswünsche, Medien, Mode, Musik, Sprache. Man betraut Sie mit der Aufgabe, einen informierenden Zeitungsartikel über das Sprachphänomen „Kiezdeutsch“ zu verfassen.

Verfassen Sie auf der Grundlage der Materialien 1 bis 5 und Ihrer Vorkenntnisse einen informierenden Zeitungsartikel, in dem Sie
- das Phänomen Kiezdeutsch definieren,
- Standpunkte und Argumente in der öffentlichen Debatte um die Bewertung von Kiezdeutsch erklären,
- mögliche Strategien im Umgang mit Kiezdeutsch in der Schule bzw. im Deutschunterricht vorstellen.

M1 Philip Cassier: **Ey Alter! So funktioniert das moderne Kiezdeutsch** (2009)

WELT ONLINE: Frau Professor Wiese[1], erinnern Sie sich noch an den ersten Satz Kiezdeutsch, den Sie je gehört haben?

Wiese: Nein – aber was mir sofort aufgefallen ist, war die Aussprache. Dieses „Isch“ für „Ich“ beispielsweise. Wie einem im Hamburger Raum ja auch zuerst das spitz ausgesprochene St auffällt.

WELT ONLINE: Kiezdeutsch ist ein Dialekt?

Wiese: Ja, in einem modernen Sinne. Früher hat man nach Regionen unterschieden, heute wird der Dialektbegriff in der internationalen Sprachforschung oft allgemeiner verstanden. Kiezdeutsch wird überall in urbanen Räumen gesprochen. Sogar in Regensburg. Es muss sich nicht einmal um eine riesige Großstadt handeln. Hinzu kommt, dass der Dialekt immer in multiethnischen Gebieten gedeiht, wo Jugendliche unterschiedlicher Herkunft, deutscher ebenso wie anderer Herkunft aufeinandertreffen. Ein mehrsprachiges Umfeld also.

WELT ONLINE: Was sind die typischen Kennzeichen?

Wiese: Soweit wir das bisher überblicken, gibt es zwei zentrale Dinge: einen geringen Einfluss anderer Sprachen, das zeigt sich dann in Aussprache und neuen Wörtern. „Wallah“, das gibt's im Türkischen und Arabischen, ist ganz bekannt. Es dient der Bekräftigung, also: „Wallah, der kann das.“ Für das fast schon klassische „Alter“ – „Ey Alter, komm mal her“ – wird inzwischen auch oft das türkische „Lan“ verwendet. „Lan“ ist im Türkischen ein „Typ“, allerdings leicht abwertend gemeint.

WELT ONLINE: Und das zweite Element?

Wiese: Die Grammatik. Kiezdeutsch verkürzt und erweitert sie an vielen Stellen. Wie der neue Gebrauch von Wörtern, die bereits vorhanden sind. Nehmen wir das kleine Wort „so“. Im Standarddeutschen kennt jeder einen Satz wie: „Ich hab' mir so'n Kleid gekauft.“ In Kiezdeutsch finde ich das „so“ plötzlich in ganz anderen Umgebungen: „Lass uns so Görlitzer Park gehen“ oder: „Die is so blond so.“ Das scheint erst mal keinen Sinn zu ergeben. Wenn man genauer hinsieht, merkt man aber: Das „so“ steht immer vor der neuen wichtigen Information im Satz. Im Standarddeutschen löst man das über Betonungen. […]

1 **Heike Wiese:** Germanistikprofessorin; wurde einer breiteren Öffentlichkeit mit der Erforschung des „Kiezdeutschen“ bekannt

M2 Jürgen Kaube[1]: **Heute ich geh Diktat** (2012)

Die wohlfeile Reklame für das „Kiezdeutsch" speist sich aus einer einseitigen Sicht der Dinge. Kennt dieses linguistische Projekt überhaupt Grenzen?

In den Massenmedien wird gerade die Potsdamer Linguistin Heike Wiese herumgereicht. Sie hat ein Buch über das geschrieben, was sie „Kiezdeutsch" und eine „Jugendsprache des Deutschen" nennt. Manchmal bezeichnet sie diesen Slang, in dem Sätze wie „Ich weiß, wo die gibs" oder „Wir sind jetzt anderes Thema" oder „Ich kenn ihn von Fitness" geläufig sind, auch als einen „urbanen Dialekt".

Gängiger wäre es, von Vereinfachungen zu sprechen und für die Jugendlichen zu hoffen, dass sie sich nicht allzu sehr daran gewöhnen. Doch die Linguistin möchte das normative Urteil gern umkehren. Es handele sich bei „Ich mach dich Messer" und dergleichen nicht um ein Zurückbleiben hinter dem richtigen Deutsch, sondern um eine legitime grammatische Innovation. [...]

Dass das Kiezdeutsch in vielen Fällen so klingt wie früher die gönnerhaften Ansprachen an Migranten durch Deutsche – „Du sprechen Deutsch?" „Musst du erst gehen auf Personalabteilung" –, bleibt dabei unberücksichtigt. [...]

Ob die Jugendlichen über beide „Sprachen" gebieten und nur je nach Anlass zwischen ihnen wechseln, bleibt eine empirische Frage. Man könnte sie an ihrem Schriftgebrauch überprüfen oder daran, wie sie sich in Situationen zurechtfinden, in denen ihnen Hochsprache abverlangt wird. Wenn gleichzeitig beklagt wird, die Mittelschichten zögerten, Bewerber mit Kiezdeutsch einzustellen, scheint es mit der souveränen Verfügung über das ganze Repertoire nicht so weit her zu sein. Wiese selbst fordert, Kiezdeutsch zum Teil des Grammatikunterrichts zu machen, weil Jugendliche dann eher bereit wären, sich mit dem Standarddeutsch zu beschäftigen. Wie denn nun? [...]

So wiederholt sich der alte Denkfehler auch hier: Die normative Erwartung wird einerseits als bloße Konvention zum Vorteil bestimmter Kreise dargestellt, andererseits aber werden diejenigen, die von ihr abweichen, darin bestärkt, sich nicht in Besitz der entsprechenden Techniken zu bringen. Eine auf Chancengleichheit bedachte Schule müsste gerade die kulturellen Festlegungen der höheren Schichten allen Schülern zugänglich machen. Umso mehr, als diese Schichten mehr als die Hälfte der Bevölkerung umfassen. Der Versuch, umgekehrt diesen höheren Schichten ihre kulturellen Festlegungen wissenschaftlich auszureden, wirkt, vor allem bei solcher Machart, lächerlich. [...]

Solange das Land also zunächst und zumeist kein Kiez ist und seine Organisationen keine Straßenecken [sind], nützt es den Jugendlichen wenig, wenn man ihnen linguistisch auf die Schultern klopft.

M3 Wolfgang Krischke[2]: **„Ich geh Schule"** (2006)

Nicht nur für Lehrer ist Kiezdeutsch ein Problem. Linguisten empfehlen, den Jugendslang zum Thema des Grammatikunterrichts zu machen, damit die Schüler korrektes Hochdeutsch lernen.

[...] Der Sprachwandel, der über lange Zeit kaum auffiel, gewinnt an Fahrt. Die wesentliche Triebkraft für die rapide Abschleifung der grammatischen Formen sieht [Uwe] Hinrichs [Linguistikprofessor an der Universität Leipzig] – neben dem Einfluss des Englischen – in den vielfältigen Sprachmischungen, die das Einwanderungsland Deutschland prägen. Viele Immigranten springen zwischen einem nur bruchstückhaft gelernten Deutsch und ihrer türkischen, arabischen oder russischen Muttersprache hin und her. Entscheidend ist, dass die Verständigung funktioniert, für Feinheiten bleibt wenig Raum. [...]

Viele Jugendsprachforscher fühlen sich genötigt, die Kiezsprachen und Jugendjargons gegenüber dem Vorwurf der Sprachverarmung in Schutz zu nehmen. Sie sehen in ihnen ein Laboratorium, das ständig neue Formen hervorbringt. Bislang funktionieren die Stadtteilsprachen jedoch nur als mündliches Kontaktmedium Gleichgesinnter. Abstraktere Sachverhalte für ein Publikum jenseits des eigenen Dunstkreises lassen sich damit kaum vermitteln. [...] „Viele Jugendliche sprechen Kanak-Sprak, um ‚cool' zu sein, wissen aber genau, dass es eine Sondersprache ist, und können zwischen Slang und Hochdeutsch wechseln", sagt Helmut Glück, Germanistikprofessor in Bamberg. Eine Abkoppelung von den Normen der Standardsprache befürchtet er jedoch für die bildungsferneren Schichten. „Es gibt hässliche Beispiele, bei denen Bewerber abgelehnt wurden, weil die Bäckersfrau meinte, den Kunden deren Sprechweise nicht zumuten zu können." Besonders problematisch sei die „doppelseitige Halbsprachigkeit" von Jugendlichen aus Immigrantenfamilien, die weder Deutsch noch die Sprache ihrer Eltern richtig beherrschten.

Die Lehrer sollten das Nebeneinander von Hoch- und Stadtteildeutsch als eine neue Form der Zweisprachigkeit anerkennen, aber – ähnlich wie gegenüber Dialektsprechern – deutlich machen, dass im Unterricht oder im Beruf die Normen der Hochsprache gelten, empfiehlt Norbert Dittmar, der einmal pro Woche türkischen Jugendlichen Sprachunterricht gibt. „Die Schüler müssen neben ihrer Kiezsprache auch das Standarddeutsch können, sonst kommen sie nicht weit." Darum müsse man auch das Kiezdeutsch zum Thema des Grammatikunterrichts machen, sagt Heike Wiese. „Wenn ihr Sprachgebrauch ernst genommen wird, könnten Jugendliche eher bereit sein, sich mit dem Standarddeutsch zu beschäftigen." [...]

1 **Jürgen Kaube:** einer der Herausgeber der Frankfurter Allgemeinen Zeitung (FAZ), zuständig für das Feuilleton

2 **Wolfgang Krischke:** Journalist, Buchautor und Dozent für Sprachwissenschaft

M4 Neulich im Deutschunterricht

M5 Matthias Heine[1]: **In Wahrheit ist Kiezdeutsch rassistisch** (2014)

Zwei Germanistinnen versuchen uns einzureden, Kiezdeutsch sei der Standardsprache gleichrangig und jeder, der auf korrektem Deutsch beharre, sei ein Rassist. Türkische Aufsteiger wissen es besser.

Die Potsdamer Germanistin Heike Wiese hat Menschen, die Kiezdeutsch für eine defizitäre Sprache halten, als Rassisten bezeichnet. „Kiezdeutsch“ ist ein Begriff, den Frau Wiese erfunden hat, um den die deutsche Standardgrammatik ignorierenden Jargon von Migrantenkindern aufzuwerten. Für die Wissenschaftlerin ist diese Sprechweise *ein* akzeptables Deutsch unter vielen möglichen Varianten. Seitdem die Professorin vor zwei Jahren in einem Buch für die Anerkennung von Kiezdeutsch plädiert hat, wird sie teilweise heftig kritisiert. Jetzt hat sie ihre Fassungslosigkeit darüber zu Protokoll gegeben: „Sprache ist wohl einer der wenigen Bereiche, in [denen] man noch offen rassistisch sein kann.“

Offenbar dämmert es Heike Wiese keine Sekunde, dass der wahre Rassismus darin bestehen könnte, Jugendlichen mit türkischem oder arabischem Migrationshintergrund die Fähigkeit abzusprechen, korrektes Standarddeutsch zu lernen. Aber wenn die Professorin Sätze wie „Machst du rote Ampel?“ für „innovativ“ erklärt und nahelegt, solche Konstruktionen, die auf Präpositionen und Artikel verzichten, stünden gleichwertig neben schulgrammatisch korrekten Formulierungen, dann verfolgt sie damit eine klassische linke Onkel-Tom-Strategie[2]. Im Bildungsbereich besteht in diesem politischen Lager nämlich immer die Tendenz, alles, was für ihre marginalisierte[3] Klientel zu schwierig sein könnte, als überflüssiges Herrschaftswissen zu diffamieren, dessen geheimer Zweck darin besteht, die Klassenunterschiede auch sprachlich zu zementieren. Im Grunde ihres Herzens hält Frau Wiese offenbar Migranten für zu dumm und zu verweichlicht, um die Härte eines traditionellen Deutschunterrichts aushalten zu können. Sie erniedrigt die so Geschützten aber allesamt zu sprachlichen „Onkel Toms“, also zu lustigen Zurückgebliebenen, auf die die Mehrheitsgesellschaft wohlwollend herabsieht. [...]

Nichts provoziert die Eltern zuverlässiger

Denn darin besteht das Missverständnis von Professor Wiese und anderen Sprachwissenschaftlern, die sich der Kampagne für die Emanzipation des Kiezdeutschs angeschlossen haben: Nur weil es mittlerweile auch deutschstämmige Deutsche gibt, die Kiezdeutsch sprechen, heißt das noch lange nicht, dass wir in einigen Jahrzehnten alle so reden. Die Beispiele, die Frau Wiese und ihre ähnlich argumentierende Linguistenkollegin Diana Marossek belauscht haben, teilen sich ganz offensichtlich in zwei Gruppen: Einerseits gibt es Deutsche aus bildungsfernen Schichten, die sich sprachlich den Migrantenkindern, die auf ihrer Schule die Mehrheit bilden, angepasst haben und tatsächlich gar nicht anders reden können.

Andererseits sind da diejenigen, die die Standardsprache durchaus beherrschen, aber gelegentlich aus Laune in den Kiez-Code wechseln, so wie sich der Bürger ja gelegentlich mal aus Jux und für den Nervenkitzel in eine Proletarierkneipe begibt. Frau Wiese glaubt, bei diesen Jugendlichen stünde Kiezdeutsch für das entspannte Plaudern unter Freunden und manchmal auch für Provokation – denn die Jugendlichen wissen, dass keine Nazi-CD und keine Gesichtstätowierung ihre Eltern zuverlässiger in Panik geraten lässt als Kiezdeutsch. [...]

Beide Motive spielen bestimmt tatsächlich eine Rolle. Aber zuallererst imitieren deutsche Gymnasiasten oder Studenten doch den (echten oder vermeintlichen) Jargon türkischer Altersgenossen, um sich darüber zu belustigen. [...]

---

1 **Matthias Heine:** Feuilletonredakteur der Zeitung „DIE WELT“

2 **Onkel-Tom-Strategie:** Anspielung auf den Roman „Onkel Toms Hütte“ (1852) von Harriet B. Stowe, dessen Titelheld ein afroamerikanischer Sklave in Kentucky ist. In den USA steht „Onkel Tom“ heute für den gesellschaftlichen Außenseiter, der von der Mehrheitsgesellschaft nicht respektiert wird und die Diskriminierung demütig erträgt.

3 **marginalisiert:** an den Rand gedrängt, benachteiligt

Mit Informationsüberschuss umgehen

1 Markieren Sie in der Aufgabenstellung die Aspekte, die in Ihrem Text vorkommen sollen.

2 Lesen Sie die Texte gezielt, indem Sie Informationen zu den einzelnen Untersuchungsaspekten mit verschiedenen Farben markieren und mit Randbemerkungen arbeiten (▸ vgl. S. 73, Aufg. 1).

Info **Mit Informationsüberschuss umgehen**

Beim materialgestützten Schreiben enthalten die Materialien in der Regel einen **Informationsüberschuss.** Dieser kann sich auf zwei Ebenen zeigen:

- Das Material kann Informationen enthalten, die für den Arbeitsauftrag keine Relevanz besitzen. Ein Teil Ihrer Leistung besteht in diesem Fall darin, dies zu erkennen und nur die für Ihre Aufgabe relevanten Informationen **auszuwählen.**
- Oft enthalten verschiedene Materialien die gleichen Informationen. Hier kommt es darauf an, diese Dopplungen zu erkennen und zu markieren. Im Prozess der Neustrukturierung und Vernetzung der Informationen (vgl. S. 76 ff.) müssen Sie diese dann zu einem Punkt **zusammenfassen und verdichten.**

3 Untersuchen Sie die beiden Auszüge aus M3 und M5 genauer.
Markieren Sie die Informationen, die in beiden Texten enthalten sind, und erklären Sie anschließend mit eigenen Worten, worin die Dopplung besteht.

M3 **„Ich geh Schule“**

„Viele Jugendliche sprechen Kanak-Sprak, um ‚cool‘ zu sein, wissen aber genau, dass es eine Sondersprache ist, und können zwischen Slang und Hochdeutsch wechseln“, sagt Helmut Glück, Germanistikprofessor in Bamberg. Eine Abkoppelung von den Normen der Standardsprache befürchtet er jedoch für die bildungsferneren Schichten.
„Es gibt hässliche Beispiele, bei denen Bewerber abgelehnt wurden, weil die Bäckersfrau meinte, den Kunden deren Sprechweise nicht zumuten zu können.“

M5 **In Wahrheit ist Kiezdeutsch rassistisch**

Einerseits gibt es Deutsche aus bildungsfernen Schichten, die sich sprachlich den Migrantenkindern, die auf ihrer Schule die Mehrheit bilden, angepasst haben und tatsächlich gar nicht anders reden können. Andererseits sind da diejenigen, die die Standardsprache durchaus beherrschen, aber gelegentlich aus Laune in den Kiez-Code wechseln, so wie sich der Bürger ja gelegentlich mal aus Jux und für den Nervenkitzel in eine Proletarierkneipe begibt.

In beiden Texten werden die Jugendlichen, die Kiezdeutsch sprechen, unterteilt in ______________

____

____

____

____

____

4 Markieren Sie in den Materialien weitere Dopplungen:
- zur Definition von Kiezdeutsch,
- zur Kiezdeutsch-Forscherin Heike Wiese,
- Beispiele für Kiezdeutsch,
- Standpunkte und Argumente in der Debatte um Kiezdeutsch,
- Vorschläge zum Umgang mit Kiezdeutsch in der Schule.

5 a Markieren Sie Dopplungen im folgenden Schülerbeispiel.
b Formulieren Sie eine Version, in der Sie die doppelten Informationen zusammenfassen.

Bei den Sprechern von Kiezdeutsch unterscheidet der Germanistikprofessor Helmut Glück zwei Gruppen: Zum einen gebe es viele Jugendliche, die Kiezdeutsch verwenden, um cool zu wirken, aber daneben korrektes Hochdeutsch beherrschen. Zum anderen beobachte er aber besonders in bildungsfernen Schichten die Entwicklung, dass Jugendliche gar kein Standarddeutsch mehr sprechen können und damit Anforderungen im Berufsleben nicht erfüllen.
Auch der Journalist Matthias Heine trifft diese Unterscheidung. Zur ersten Gruppe gehören für ihn diejenigen, die „gelegentlich aus Laune in den Kiez-Code wechseln, aber die Standardsprache beherrschen". Der zweiten Gruppe ordnet er Migrantenkinder und Deutsche aus bildungsfernen Schichten zu, die gar nicht mehr anders als Kiezdeutsch sprechen können.

6 Streichen Sie in den Materialien die Abschnitte, die für Ihren Text nicht relevant sind, mit Bleistift durch.

7 Untersuchen Sie das folgende Schülerbeispiel mit Blick auf den Umgang mit Informationsüberschuss (► S. 83): Streichen Sie Passagen, die für den laut Aufgabenstellung geforderten Text irrelevant sind.

Matthias Heine, Journalist bei der Tageszeitung DIE WELT, kritisiert, dass Wiese Kiezdeutsch als gleichwertigen Dialekt sieht. Er bewertet diese Haltung nämlich als Ausdruck einer heimlichen Arroganz gegenüber Jugendlichen mit Migrationshintergrund: Wiese spreche ihnen implizit die Fähigkeit ab, korrektes Standarddeutsch zu lernen, und halte sie für „zu dumm und zu verweichlicht, um die Härte eines traditionellen Deutschunterrichts" (M. Heine) auszuhalten. Diese Position sei die Fortsetzung einer klassischen linken „Onkel-Tom-Strategie", bei der einer benachteiligten Randgruppe nicht der Zugang zum Wissen der Mehrheitsgesellschaft ermöglicht, sondern dieses Wissen selbst in Frage gestellt werde. Damit nimmt er Bezug auf den berühmten Sklavenroman „Onkel Toms Hütte" aus dem 19. Jahrhundert, dessen Hauptfigur in den USA sprichwörtlich für einen gesellschaftlichen Außenseiter geworden ist, der die Ausgrenzung gutmütig hinnimmt und sich nicht wehrt.

Informationen zueinander in Beziehung setzen

Info **Informationen zueinander in Beziehung setzen**

Beim materialgestützten Schreiben sollen die Informationen aus den einzelnen Materialien **zueinander in Beziehung gesetzt** werden. Dafür muss der **Zusammenhang** zwischen ihnen erfasst werden, z. B.:

- Welche Informationen ergänzen sich? Welche Informationen widersprechen sich?
- Wo gibt es Beziehungen wie Ursache – Wirkung – Folgen, Problem – Lösung – Umsetzung ...?

Für die Gliederung des eigenen Textes kann die **Aufgabenstellung als Strukturierungshilfe** dienen (▸ S. 69, 80). Die dort genannten Untersuchungsaspekte geben meist eine bestimmte Schrittfolge vor. Zu jedem Aspekt müssen **Informationen aus den Materialien herausgefiltert und neu strukturiert werden** (▸ Info S. 74).

1 Der erste Teil der Aufgabenstellung verlangt, das Phänomen Kiezdeutsch zu definieren.
Werten Sie die Materialien M1, M2, M3 und M5 mit Blick auf diesen Aufgabenteil aus:

a Sehen Sie sich Ihre Markierungen zur Definition von Kiezdeutsch in den Texten (s. Aufgabe 2, S. 84) noch einmal an.

b Exzerpieren Sie die Informationen zur Definition von Kiezdeutsch in Stichworten. Setzen Sie sie in Beziehung zueinander: Notieren Sie, inwiefern sich Informationen ergänzen, unterscheiden oder widersprechen.

M1: Heike Wiese (im Interview): Kiezdeutsch ist Dialekt „in einem modernen Sinne"; zwei zentrale Kennzeichen:

geringer Einfluss ...

____

M2: auch hier Heike Wiese (zitiert): Kiezdeutsch als „Jugendsprache des Deutschen" ⟷

Widerspruch von Jürgen Kaube: Kiezdeutsch als von Vereinfachungen gekennzeichneter „Slang"

M3: Helmut Glück:

____

Norbert Dittmar:

____

M5:

____

2 Verfahren Sie entsprechend für die weiteren Teile der Aufgabenstellung:

a Sehen Sie sich Ihre Markierungen in den Texten (M 1–3, M5) in Bezug auf folgende Aspekte noch einmal an:
- Standpunkte und Argumente in der öffentlichen Debatte um Kiezdeutsch,
- Strategien im Umgang mit Kiezdeutsch in der Schule.

b Setzen Sie die Informationen in Beziehung zueinander: Welche Punkte ergänzen sich, gehen in eine ähnliche Richtung oder widersprechen sich? Machen Sie sich dazu Notizen am Rand z. B.:
widerspricht X, stimmt Y zu, Arg. (Argument), *G* (Gegenargument), *Folg.* (Folgerung), *Bsp.* (Beispiel) ...

3 Untersuchen Sie den Cartoon (M4). Kreuzen Sie die Ihrer Meinung nach zutreffende Aussage an.

Der Cartoon besitzt in erster Linie illustrierenden Charakter, d. h., er veranschaulicht Aspekte der Diskussion um Kiezdeutsch, ohne aber für meine Aufgabenstellung relevante Argumente oder Charakteristika zu liefern.	☐
Der Cartoon bietet Material (Information, Aussage, Standpunkt), das ich in meinem Text verwenden kann.	☐

4 Erstellen Sie einen Schreibplan für den Hauptteil Ihres Zeitungsartikels.
Ordnen Sie dazu die markierten Informationen in die vorgegebene Grundstruktur ein.

Das Phänomen Kiezdeutsch definieren

Was? *Variante der deutschen Jugendsprache*
Wer? *Jugendliche mit Migrationshintergrund, aber auch …*

Wo? *tritt in städtischer Umgebung auf, dort vor allem in …*

Wie? *zwei charakteristische Merkmale:*
1. *Einfluss …*

2. *…*

Beispiele: …

Überleitung zum nächsten Aspekt: *sehr kontroverse Bewertung in der öffentlichen Debatte*

Kiezdeutsch als urbaner Dialekt	**Kiezdeutsch als Jargon bildungsferner Jugendlicher**
Position: *Kiezdeutsch ist …*	**Position:** *Kiezdeutsch ist …*
Vertreter/innen: …	**Vertreter/innen:** …
Argumente: – *legitime grammatische Innovation (Wiese) im Prozess des Sprachwandels durch Sprachkontakt* – *Ablehnung eines normativen …* *stattdessen gleichrangige …*	**Argumente:** – *Kiezdeutsch reduziert Regeln …* – *Sprecher/innen beherrschen häufig …*

Überleitung zum nächsten Aspekt: *Einig sind sich Vertreter/innen beider Positionen aber in einem Punkt: Jugendliche, die Kiezdeutsch sprechen, müssen auf jeden Fall …*

Umstritten ist jedoch wiederum die Frage, wie dies erreicht werden kann: …

Möglichkeiten des Umgangs mit Kiezdeutsch in der Schule bzw. im Deutschunterricht

Heike Wiese:	*Kiezdeutsch-Kritiker:*

Umgang mit den Informationsquellen

Methode **Umgang mit den Informationsquellen**

Beim materialgestützten Schreiben sollen Aussagen aus den verwendeten Materialien im eigenen Text wiedergegeben werden. Folgende Fragen sind dabei zu klären:

1. **Wie geben Sie Aussagen wieder?** (▶ S. 77)
- paraphrasierend —> wichtig: wirklich mit eigenen Worten wiedergeben, also die Textstelle umformulieren!
- in indirekter Rede —> die Regeln der indirekten Rede beachten (Formen des Konjunktivs I/II, je nach Tempus)
- im wörtlichen Zitat —> auf formal korrektes Zitieren achten (Grammatik, Anführungszeichen, ggf. Auslassungszeichen)

2. **Wann ist wörtliche Redewiedergabe sinnvoll?**
- Suchen Sie prägnante, aussagekräftige Textaussagen, die das unterstützen oder veranschaulichen, was Sie in Ihrem eigenen Text ausführen.
- Wörtliche Zitate sollten sparsam verwendet werden und nicht eigene gedankliche Leistung ersetzen.

3. **Wie können die Informationsquellen vorgestellt werden?**
- Klären Sie bei jedem Material die Quelle (Wo wurde Text/-auszug oder Schaubild veröffentlicht? Autor/in?)
- Geben Sie in Ihrem Text (nur) die Quelleninformationen, die an der jeweiligen Stelle sinnvoll/notwendig sind, z. B.: *Die Germanistin Heike Wiese definiert Kiezdeutsch ~~im Interview mit Philip Cassier in der WELT ONLINE~~ als ...*

1 In den folgenden Schülersätzen wurden Aussagen aus den Materialien nicht korrekt paraphrasiert: teilweise nicht wirklich mit eigenen Worten formuliert, teilweise nicht sinnerhaltend.

a Suchen Sie die entsprechenden Textstellen (M 1–3, M 5) und vergleichen Sie mit der Wiedergabe.

b Formulieren Sie die Stellen aus den Materialien sinnerhaltend mit eigenen Worten.

A *Die Germanistin Heike Wiese weist darauf hin, dass man früher nach Regionen unterschieden hat, heute wird der Dialektbegriff in der internationalen Sprachforschung oft allgemeiner verstanden.*

B *Der FAZ-Herausgeber Jürgen Kaube schlägt vor, von Vereinfachungen zu sprechen und dafür zu sorgen, dass Jugendliche sich nicht zu sehr daran gewöhnen. Dass das Kiezdeutsch klingt wie früher die gut gemeinten Ansprachen an Migranten durch Deutsche, bleibt dabei unberücksichtigt.*

2 Im folgenden Schülerbeispiel sind einige wörtliche Zitate nicht korrekt.

a Markieren Sie die entsprechenden Stellen.

b Schreiben Sie eine verbesserte Fassung.

Heike Wiese sieht Kiezdeutsch nicht als defizitär, sondern beschreibt es mit positiv konnotierten Formulierungen wie „Dialekt in einem modernen Sinne". Ganz im Gegensatz dazu bezeichnet Jürgen Kaube Kiezdeutsch abwertend als „Slang". Zu untersuchen wäre laut Kaube, „ob die Jugendlichen über beide Sprachen gebieten und nur je nach Anlass zwischen ihnen wechseln".

3 Im folgenden Schülerbeispiel sind die Angaben zu den Informationsquellen zu ausführlich geraten oder überflüssig.

a Streichen Sie überflüssige Angaben durch und unterringeln Sie zu ausführlich formulierte Informationen.

b Schreiben Sie eine verbesserte Fassung auf.

Die an der Universität Potsdam unterrichtende Germanistikprofessorin Heike Wiese, einer breiteren Öffentlichkeit bekannt geworden durch ihre Erforschung von Kiezdeutsch, bezeichnet Kiezdeutsch in einem Interview mit der „WELT online" als urbanen Dialekt. Sie vermeidet negative Zuschreibungen und fordert stattdessen dazu auf, Kiezdeutsch ernst zu nehmen und auch im Deutschunterricht als neue Sprachform zu behandeln. Ganz anders sehen das etwa der für den Feuilletonteil zuständige FAZ-Herausgeber Jürgen Kaube und sein Kollege Matthias Heine, der für die Printausgabe der WELT tätig ist. Sie bezeichnen Kiezdeutsch abwertend als „Slang" (Kaube) bzw. „Jargon" (Heine).

4.3 Vertiefende Übungen zum argumentierenden Schreiben

Info **Materialgestützt einen argumentierenden Text schreiben**

Beim **materialgestützten Verfassen eines argumentierenden Textes** geht es darum, zu einem vorgegebenen Problem, einer Frage oder einem Standpunkt eine differenzierte **Argumentation** zu entwickeln und strukturiert zu formulieren. Im Gegensatz zum rein informierenden Schreiben soll dabei eine eigene Position vertreten werden, die mit Argumenten plausibel begründet wird.
Der argumentierende Text enthält durchaus auch **informierende Abschnitte,** die eine sachliche Grundlage für die Argumente bilden. Die Materialien liefern bei dieser Textsorte Sachinformationen und teilweise auch Argumente, müssen aber immer durch eigenes Kontextwissen ergänzt werden.

Aufgabenbeispiel

Ihr Deutschkurs möchte aus der gesamten deutschsprachigen Literatur einen Kanon von literarischen Werken auswählen, der als verbindliche Leseempfehlung für alle Oberstufenschüler gelten soll. Schon im Vorfeld zeichnet sich ab, dass einige Mitschüler/innen Friedrich Schillers Drama *Kabale und Liebe* als überholt und irrelevant ablehnen. Die Auswahl dieses Werks soll daher in einem Vorwort zum Kanon begründet werden.

Verfassen Sie auf der Grundlage der Materialien 1 bis 5 und Ihrer Vorkenntnisse eine Begründung für das Vorwort, in dem Sie

- Schillers Drama *Kabale und Liebe* kurz vorstellen,
- die Funktion eines Kanons erklären,
- Argumente für die Aktualität und Relevanz von *Kabale und Liebe* anführen,
- abschließend für die Aufnahme des Stücks in den Kanon plädieren.

Info **Friedrich Schiller: *Kabale und Liebe* (1784)**

Das Drama handelt von der Liebe zweier Menschen, die die gesellschaftlichen Standesgrenzen ihrer Zeit überschreitet: Ferdinand, ein junger Adeliger an einem deutschen Fürstenhof, und Luise Miller, die bürgerliche Tochter eines Musikers. Ihre Liebe trifft überall auf Widerstand. Insbesondere Ferdinands Vater, der Präsident von Walter, hat eigene Pläne für seinen Sohn: Ferdinand soll eine politisch motivierte Ehe eingehen, um den Einfluss der Familie am Hof zu sichern. Deshalb inszeniert sein Vater gemeinsam mit seinem Sekretär Wurm eine Intrige, um einen Keil zwischen die Liebenden zu treiben: Er zwingt Luise, einen falschen Liebesbrief an einen anderen Adligen zu schreiben, der dann Ferdinand zugespielt wird. Zugleich wird Luise durch einen Eid verpflichtet, diese Erpressung geheim zu halten.
Diese „Kabale" (veraltet für Intrige) gelingt, weil Ferdinand und Luise unterschiedliche Auffassungen von ihrer Liebe haben: Während der schwärmerische Ferdinand aus seiner Sicht bedingungslos liebt, alle anderen Werte der Liebe unterordnet und Luise zur gemeinsamen Flucht überreden will, ist Luise an die bürgerlichen Moralvorstellungen ihres Vaters gebunden und kann für Ferdinand ihr bisheriges Leben nicht aufgeben. Als er dann den fingierten Brief erhält, bricht für Ferdinand eine Welt zusammen; rasend vor Eifersucht will er sich an Luise rächen. So führen die Intrige und der übersteigerte Liebesbegriff in die Katastrophe: Ferdinand vergiftet Luise und sich selbst. Erst im Sterben deckt Luise die Hintergründe auf und Ferdinand erkennt seinen Fehler.

M1 Ulrich Greiner[1]: **Die unvergängliche Kette – Weshalb wir einen Kanon brauchen** (2014)

[...] Wenn aber der Begriff Bildung überhaupt einen Sinn hat, dann verknüpft er sich mit der Idee, den ganzen Menschen in all seinen Fähigkeiten auszubilden; und dazu gehört zweifellos die Fähigkeit, Schmerz ebenso zu empfinden wie Glück; die Fähigkeit, zwischen schön und hässlich, zwischen gut und böse unterscheiden zu können; schließlich die Fähigkeit, ein gutes, ein richtiges, ein verantwortliches Leben zu führen.

1 **Ulrich Greiner:** Journalist und Literaturkritiker, Autor der Wochenzeitung DIE ZEIT

Das ist nicht schwer, aber es ist nicht leicht. Denn Voraussetzung dafür ist etwas wie Selbstbewusstsein, Selbstkenntnis. Sich selber kann man nur kennen, wenn man annähernd weiß, wer man ist, wo man herkommt. Ohne die Kenntnis der Herkunft gibt es keine Zukunft und das wiederum heißt, dass es gelingen muss, „unser fliehendes Dasein an der unvergänglichen Kette der Überlieferung zu befestigen". [Zitat von Friedrich Schiller, Anm. d. Red.] [...]
Als die ZEIT 1997 eine Kanondebatte führte und Autoren, Politiker und Intellektuelle nach den Werken fragte, die ein Abiturient gelesen haben sollte, [erhob sich] sofort der Vorwurf des Kulturkonservatismus. Eine der Kulturkonservativen war damals die Schriftstellerin Ruth Klüger, die in der ZEIT schrieb: „Wer den literarischen Kanon der eigenen Muttersprache nicht kennt, hat sein (oder ihr) rechtmäßiges Erbe auf den Müll geworfen." [...]
Jeder von uns sollte die Chance haben, den Reichtum des Überlieferten kennenzulernen.

M2 Jens Jessen[1]: **Mode und Menschheit** (2014)

Wer wissen will, was Demokratie und Freiheit wert sind, muss nur Schillers *Kabale und Liebe* lesen. Es gibt wenige Stücke, die so frisch und empörend geblieben sind. Die Geschichte des Adligen und des Bürgermädchens, deren Liebe von einer boshaften Intrige (damals auch Kabale genannt) unterbunden wird, weil es nicht erlaubt war, die Standesgrenzen zu überschreiten, hat noch heute die Kraft, bei Lesern wie Zuschauern echten Hass und echte Verzweiflung auszulösen. [...]
Das Stück wirkt, als sei ein Radioreporter an einem Fürstenhof des ausgehenden 18. Jahrhunderts unterwegs, und deshalb teilen sich noch heute die Angst und schreiende Ungerechtigkeit unmittelbar mit. [...] Es ist in diesem Fürstentum wie in der DDR, in der eine diffuse Angst vor der Stasi umging, die sich übrigens ebenfalls nicht scheute, Ehen durch Intrigen auseinanderzubringen. Im 19. Jahrhundert hielt man Schillers Brief- und Eidgeschichte für übertrieben; aber das 20. Jahrhundert mit seinen totalitären Staaten brachte auch die Methoden der Erpressung und Manipulation von missliebigen Bürgern wieder und hat insofern Schiller gerade als Realist glänzend (oder schrecklich) rehabilitiert.
Doch wäre Schiller nicht Schiller, wenn er sich im Realismus erschöpfte. Ein wenig philosophische Konstruktion hat er doch untergebracht und sie sorgt dafür, dass sich der heutige Zuschauer nicht ohne weiteres von dem Stück als einer Geschichte historischer, überwundener Leiden distanzieren kann. Denn es geht nicht einfach nur um eine Liebe, die an den Standesgrenzen des 18. Jahrhunderts scheitert, so wie es Fontane für das 19. und Schnitzler sogar noch für das frühe 20. Jahrhundert geschildert haben. Es geht überhaupt um individuelles Glück und individuelle Selbstbestimmung, die an den Regeln der Gesellschaft scheitern. Solche Regeln hat jede Gesellschaft, auch unsere, und an ihnen wird das Individuum immer Grenzen finden. Es ist, mit Schillers Worten, der Konflikt von „Mode" und „Menschheit".
„Menschheit", das ist für ihn die Summe aller unveränderlichen Hoffnungen und Glücksansprüche der Menschen; „Mode" ist das Schlagwort für alle veränderlichen Konventionen, Zwänge und Ansprüche der Gesellschaft. Der ewige menschliche Kern unterliegt stets der Unterdrückung, mindestens der Überformung durch die gerade herrschenden Verhältnisse. Der Mensch kann nie ganz Mensch werden, weil er gezwungen ist, sich mit irgendeiner „Mode" zu arrangieren, die immer so tut, als sei sie selbstverständlich und naturgegeben. Der Feudalismus hat so getan, als seien die Standesgrenzen naturgegeben, der Kommunismus hat das von den Klassenunterschieden behauptet, der Kapitalismus von Eigentum und Leistungsprinzip. Schiller behauptet nun nicht, man könne die „Mode" abschaffen (denn man kann ja auch nicht die Gesellschaft abschaffen); er artikuliert aber die Hoffnung, die gesellschaftlichen Regeln könnten dereinst etwas menschenfreundlicher ausfallen.
Man kann darüber streiten, ob das inzwischen erreicht ist; aber Demokratie und Bürgerrechte haben sein Ideal doch näher gerückt. Und selbst für den, der noch immer glaubt, an Mode und Gesellschaft verzweifeln zu müssen, gibt Schiller einen Trost: dass es keine herrschenden Vorstellungen und Konventionen gibt, die wir für naturgegeben halten müssen. Das, was die Gesellschaft als naturgegeben predigt, ist immer nur Propaganda, „Mode".

---

1 **Jens Jessen:** 2000–2014 Ressortleiter des Feuilletons der Wochenzeitung DIE ZEIT, Literatur- und Filmkritiker

M3 Volker Hage: **Interview mit Marcel Reich-Ranicki[1] – Literatur muss Spaß machen** (2001)

[...]

Reich-Ranicki: Ein Kanon ist nicht etwa ein Gesetzbuch, sondern eine Liste empfehlenswerter, wichtiger, exemplarischer und, wenn es um die Schule geht, für den Unterricht besonders geeigneter Werke. Die Frage, ob wir einen solchen Katalog benötigen, ist mir unverständlich, denn der Verzicht auf einen Kanon würde den Rückfall in die Barbarei bedeuten. Ein Streit darüber, wie der Kanon aussehen sollte, kann dagegen sehr nützlich sein.

SPIEGEL: Wie lange kann ein solcher Kanon Gültigkeit haben? Der Geschmack ändert sich doch – von Individuum zu Individuum, von Epoche zu Epoche.

Reich-Ranicki: Jeder Kanon ist ein Produkt seiner Epoche und vom persönlichen Geschmack gefärbt. Wie er in 20 oder 30 Jahren aussehen wird, interessiert mich überhaupt nicht. Sicher ist: anders als heute.

SPIEGEL: Leben wir nicht längst in einer Epoche der totalen Beliebigkeit?

Reich-Ranicki: Wenn das zutrifft, dann ist ein Kanon erst recht notwendig. In der Sehnsucht nach einem Kanon verbirgt sich die Angst vieler Zeitgenossen, überinformiert und dennoch unwissend zu sein, und daraus ergibt sich die Sehnsucht nach einer Ordnung. Gerade wer fürchtet, in der unentwegt wachsenden Bücherflut zu ertrinken, wird für einen Kanon dankbar sein. [...]

SPIEGEL: Glauben Sie, dass Schillers Dramen, die Sie wohl nicht ignorieren wollen, junge Menschen noch interessieren?

Reich-Ranicki: Mit Sicherheit. Nur muss man seine Stücke aus heutiger Sicht erklären.[...]

M4 Walter Hinderer[2]: **„Wir wollen sehen, ob die Mode oder die Menschheit auf dem Platz bleiben wird" – Schiller, *Kabale und Liebe*, 1784** (2000)

Die Vielseitigkeit und Weitsichtigkeit eines engagierten Zeitgenossen zeichnen Schillers dramatische Produktion ebenso aus wie sein mitreißendes Theater-Idiom[3]. Sein Jugenddrama *Kabale und Liebe* [...] liefert dafür ein beredtes Exempel. Fünf Jahre vor der Französischen Revolution geißelt der 25-jährige Württemberger Flüchtling in seinem bürgerlichen Trauerspiel die despotische höfische Welt, den Soldatenhandel, die Mätressenwirtschaft seiner Zeit und seines Herzogs und setzt prononciert ein **Ideal von Glück, das sich genügsam in [sich] selbst zurückzieht**[4] (I, 7), gegen die politischen **Begriffe von Größe und Glück,** die im Stück die Protagonisten der Staatsaktion und des Herrschaftsegoismus verkörpern. [...]
Der Liebesdiskurs enthüllt die moralischen und gesellschaftlichen Probleme der feudalistischen Klassengesellschaft, aber auch die autoritären Familienstrukturen im mittleren Bürgertum. Miller fühlt sich als **Herr im Haus,** wie der Herzog und sein Präsident von Walter im Fürstentum. Jene bestimmen über die Untertanen, dieser verfügt nur über seinen Familienkreis, sein Privatreich. Millers Bürgermoral hebt sich deutlich von den kriminellen und unmoralischen Vorgängen am Hofe ab, aber am Beispiel Luises verdeutlicht Schiller die religiösen, moralischen und gesellschaftlichen Zwänge, denen sie als Frau im bürgerlichen Kontext einer feudalen Herrschaft ausgesetzt ist. [...]
Schiller [inszeniert] bereits in *Kabale und Liebe* seine Lieblingsidee [...]: **Verbreitung reinerer, sanfterer Humanität, [...] die höchstmögliche Freiheit der *Individuen* [...], den vollende[t]sten Zustand der Menschheit, wie er in ihrer Natur und ihren Kräften als erreichbar angegeben liegt.** Das ist die immer noch aktuelle Botschaft des Lehrstücks aus dem 18. Jahrhundert, dessen Ästhetik ebenso wie sein Gebrauchswert auch im 21. Jahrhundert Gültigkeit behalten wird.

---

1 **Marcel Reich-Ranicki:** (1920–2013): polnisch-deutscher Publizist und einflussreicher Literaturkritiker
2 **Walter Hinderer:** Germanist und Literaturwissenschaftler
3 **das Theater-Idiom:** Sprache der Figuren
4 fett gedruckt sind Zitate aus Schillers Schriften

M5 **Werkstatistik des Deutschen Bühnenvereins für die Spielzeit 2012/13**

Anzahl der Besucher bei den Dramen mit den höchsten Inszenierungszahlen in der Spielzeit 2012/13

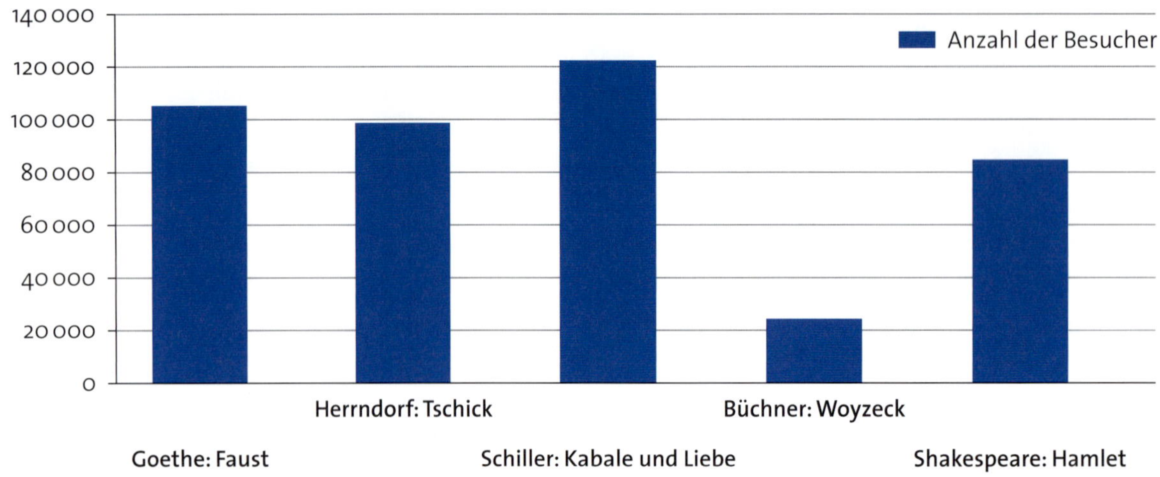

Datenbasis: Pressemitteilung des Deutschen Bühnenvereins vom 8.9.2014

1 Lesen Sie die Aufgabenstellung (S. 89) und erklären Sie, inwiefern informierende und argumentierende Passagen für Ihren Text relevant sind.

2 Markieren Sie mit unterschiedlichen Farben, wo im folgenden Schülerbeispiel informiert und wo argumentiert wird.

Ein Kanon ist eine Sammlung von als beispielhaft und empfehlenswert geltenden, wichtigen Werken. Notwendigerweise verändert sich daher ein Kanon im Laufe der Zeit, er hat nur eine begrenzte Gültigkeit, wie Marcel Reich-Ranicki betont. Ein Kanon soll laut Reich-Ranicki Orientierung bieten, gerade in einer Zeit der Überinformation und Bücherflut und einer daraus resultierenden Unsicherheit. Dass in einem Kanon deutschsprachiger Literatur die Dramen von Friedrich Schiller nicht fehlen dürfen, versteht sich fast von selbst: Sie gehören zu den Schätzen unserer Literatur und Geistesgeschichte. Unter Schillers Dramen wiederum eignet sich „Kabale und Liebe“ ganz besonders für einen aktuellen Kanon, weil es exemplarisch Themen aufwirft und behandelt, die auch und gerade heute von Bedeutung sind.

3 Eine gute Argumentation berücksichtigt die Adressaten, deren Erwartungen und Vorwissen. Markieren Sie die relevanten Informationen in der Aufgabenstellung und notieren Sie in Stichworten die Konsequenzen für Inhalt und Schreibweise Ihrer Stellungnahme.

Eine Argumentation verfassen

1 Was spricht auch heute noch für die Aktualität des Schiller-Dramas? Entwickeln Sie erste Ideen für Ihre Argumentation auf der Basis Ihres Vorwissens: Übertragen Sie die Tabelle auf Konzeptpapier und notieren Sie weitere Stichworte.

Kabale und Liebe	**Aktualität und Relevanz**
– *Standesunterschiede verhindern die Liebe der Protagonisten*	– *zwar keine Abgrenzung Adel versus Bürgertum mehr, aber neue Grenzen: soziale Herkunft, Einkommen/Besitz …*
– *Frage nach den Möglichkeiten des Individuums zur Selbstbestimmung: Unterdrückung durch Staat, aber auch durch bürgerliche Moral*	– *vollständige Gleichberechtigung (keine Schichten) in der demokratischen Gesellschaft? …*
– *Versuch der Jugend, sich dem Einfluss und der Lebensweise der Väter zu entziehen*	– *heutiger Generationenkonflikt: …*
– *Konflikt: Wie führen extreme Vorstellungen von Liebe zu Gewalt?*	– …
– …	– …

2 Lesen Sie die Texte M1–M4 gezielt, indem Sie Argumente für die Aktualität des Dramas markieren. Halten Sie zusätzlich am Rand Fragen und erste Ideen fest. Ein Beispiel (grün markiert: Stellen, die sich als Argumente eignen):

Um den adligen Ferdinand von seiner Liebe zu der Musikantentochter Luise abzubringen, zwingt man das Mädchen, einen Brief zu schreiben, der klingt, als habe sie einen weiteren Liebhaber; zum Druckmittel hat man ihre Eltern inhaftiert. Man nimmt ihr den Eid ab, über die Zwangsmaßnahme zu schweigen, und dass sie sich daran hält, wirkt überhaupt nur plausibel, weil der Zuschauer inzwischen selbst schon die Allgegenwart von Einschüchterung und Gewalt spürt.

→ *Stück wirkt auf heutiges Publikum, Einschüchterung/Gewalt: zeitlose Themen*

Es ist in diesem Fürstentum wie in der DDR, in der eine diffuse Angst vor der Stasi umging, die sich übrigens ebenfalls nicht scheute, Ehen durch Intrigen auseinanderzubringen. Im 19. Jahrhundert hielt man Schillers Brief- und Eidgeschichte für übertrieben; aber das 20. Jahrhundert mit seinen totalitären Staaten brachte auch die Methoden der Erpressung und Manipulation von missliebigen Bürgern wieder und hat insofern Schiller gerade als Realist glänzend (oder schrecklich) rehabilitiert.

→ *immer wieder aktuelles Thema: Unterdrückung individueller Freiheit*

→ *aktuell: Überwachung, Einschränkung der Bürgerrechte; Bsp.: China?*

3 Untersuchen Sie das Diagramm M5 (▸ S. 91). Beachten Sie auch die Überschrift. Worüber informiert das Säulendiagramm? Worauf beziehen sich die beiden Achsen?

Das ____

____

Es werden die fünf Werke mit den ____

____

4 Inwiefern ist die Aussage des Diagramms für Ihre Begründung relevant?
Formulieren Sie eine Auswertung, die als Argumentationshilfe für die Aktualität des Dramas dienen kann.

Das Säulendiagramm belegt, dass Schillers „Kabale und Liebe" in der Spielzeit 2012/13 ______

______

Die Besucherzahl spricht – gerade auch im Vergleich mit einem zeitgenössischen Bestseller wie „Tschick" – dafür,

dass ______

______

Tipp **Die Argumentation aufbauen**

Die Aufgabenstellung verlangt, dass Sie im Hauptteil Argumente für die Aufnahme des Dramas in den Kanon anführen. Sie müssen also einen **argumentativen Teil** formulieren, der sich im Aufbau und in der gedanklichen Struktur von einem rein informierenden Text unterscheidet: In den informierenden Passagen vermitteln Sie Sachzusammenhänge anhand von **Fakten** (z. B. Funktion eines Kanons). Im argumentativen Teil führen Sie **Begründungen** an, die die Leser/innen überzeugen sollen:

These →	**Argumente** →	**Beispiele** →	*Ferdinands und Luises Liebe scheitert an einem Gesellschaftssystem, in dem Stand und Herkunft unüberwindbare Grenzen bilden.*
(Behauptung, Werturteil, Forderung/ Empfehlung) *Wir sollten „Kabale und Liebe" in unseren Kanon aufnehmen.*	(Begründung in Form von Fakten oder normativen Grundsätzen) *Denn es zeigt uns den Wert der Freiheit des Individuums.*	(veranschaulichende Fälle) → **Belege** (z. B. Textzitate, Statistiken) → **Erläuterungen** (verdeutlichende Zusätze)	

Als Argumente können Sie beispielsweise heranziehen:
Faktenargumente: unstrittige, überprüfbare Tatsachenaussagen, z. B.:
Die Besucherzahlen bei Aufführungen belegen …
Autoritätsargumente: These wird durch die Position einer weithin akzeptierten Autorität gestützt, z. B.:
Der bedeutende Literaturkritiker Marcel Reich-Ranicki ist überzeugt, dass Schillers Dramen auch heute …
Normative Argumente: Bezug zu einem weithin akzeptierten Wertmaßstab, z. B.:
Schiller gilt gemeinsam mit Goethe als wichtigster Klassiker der deutschen Literatur. Deshalb …

5 Notieren Sie zwei Zitate aus den Materialien, die Sie als Autoritätsargumente in Ihrer Begründung verwenden wollen.

______

______

______

______

______

______

______

______

______

6 Überarbeiten Sie den folgenden Textabschnitt so, dass ein argumentativer Zusammenhang entsteht, der sprachlich deutlich wird. Nutzen Sie die Information zum Aufbau der Argumentation (► Tipp S. 94) und die Formulierungsbausteine im Kasten unten.

Ein Kanon soll Orientierung bieten, wie Marcel Reich-Ranicki erklärt. Der Literaturkritiker Ulrich Greiner weist darauf hin, dass ein Kanon den „Reichtum des Überlieferten" sammelt. Schillers Drama „Kabale und Liebe" erzählt die zeitlose Geschichte einer Liebe, die mit den gesellschaftlichen Grenzen in Konflikt gerät. Gegen politische Intrigen und Machtinteressen einer autoritären Oberschicht (Ehe Ferdinands) setzt Schiller die Utopie, dass innere Werte soziale Schranken überwinden können. Der Adlige Ferdinand liebt die bürgerliche Luise, für ihn ist die Liebe wichtiger als die Karriere. Auch heute noch kann diese Idee von großer Bedeutung für die Menschen sein.

Formulierungsbausteine **Argumentation**

- *Für die Aktualität des Dramas spricht ...*
- *Das Drama sollte in den Kanon aufgenommen werden, weil ...*
- *Die Zuschauerzahlen in der Spielzeit 2012/2013 belegen eindeutig ...*
- *Hinzu kommt, dass ... / Erinnert sei auch an ... / Dafür lässt sich folgendes Argument anführen: ...*
- *Eingewandt werden könnte, dass ... / Zwar muss man dabei bedenken, dass ...*
- *Allerdings ... / Trotzdem ...*
- *Am wichtigsten ist sicherlich ...*
- *Deshalb plädiere ich dafür, ...*

7 Formulieren Sie Argumente für die Aktualität von *Kabale und Liebe* in Ihrem Kursheft aus. Nutzen Sie dafür die Formulierungsbausteine.

Autoren- und Quellenverzeichnis
S. 3 Johann Wolfgang v. Goethe: Italienische Reise (Teil 1, Auszug). München: Deutscher Taschenbuch Verlag 1988, S. 113 **S. 4** Jonathan Swift: Gullivers Reisen (Reise nach Lilliput, Kap. 1). Übertragung von Franz Kottenkamp, zum Teil neu bearbeitet von Heinrich Fauteck. München: Rütten & Loening Verlag 1964, S. 19 **S. 7** Norbert Hummelt: Anstiftung. In: Josef Haslinger, Hans-Ulrich Treichel (Hrsg.): Wie werde ich ein verdammt guter Schriftsteller? Frankfurt/M.: Suhrkamp Verlag, 2005, S. 12 f.; Werdegänge von Schriftstellern: Auszug aus dem Wikipedia-Eintrag „Schriftsteller". Online unter: http://de.wikipedia.org/wiki/Schriftsteller (Zugriff: 01.12.2014). Der Artikel steht unter Creative-Commons-Lizenz, die Entstehungsgeschichte ist abrufbar unter http://de.wikipedia.org/w/index.php?title=Diskussion:Schriftsteller&action=history (Zugriff: 01.12.2014). **S. 8** Josef Haslinger / Hans-Ulrich Treichel: Vorwort. In: dies.(Hrsg.): Wie werde ich ein verdammt guter Schriftsteller? Frankfurt/M.: Suhrkamp Verlag, 2005, S. 7 ff. **S. 11** Daten für die Diagramme: Matthias Engels, 28.02.2014. Unter http://dingfest.wordpress.com/2014/02/28/auswertung-umfrage-lieblingsbucher [20.11.2014] **S. 15** Frauke Lüpke-Narberhaus (24.04.2011): Mein erstes Mal: Anna, 16, schreibt einen Roman. Aus: http://www.spiegel.de/schulspiegel/leben/mein-erstes-mal-anna-16-schreibt-einen-roman-a-755120.html [20.11.2014] **S. 16 f.** Thomas Steinfeld: Land der Dichter und Lenker (17.05.2010). Aus: http://www.sueddeutsche.de/kultur/deutsch-im-grundgesetz-land-der-dichter-und-lenker-1.363220 [09.11.2014] **S. 36 f.** Hermann Unterstöger: Anglizismen erobern die deutsche Sprache – ist unsere Sprache noch zu retten? (Rede Feb. 2012 im Rahmen einer Vortragsreihe des Treffs im Stift Obernkirchen). Aus: http://www.treff-im-stift-obernkirchen.de/download/Hermann_Unterstoeger_Anglizismen_erobern_die_deutsche_Sprache.pdf [09.11.2014] **S. 42 f.** Max Fellmann: Tipp: Tippen! Im Internet wird viel nutzloses Zeug geschrieben. Darüber kann man lästern – aber es macht unsere Gesellschaft tatsächlich klüger. Aus: Süddeutsche Zeitung Magazin, Heft 05/2014. Online unter: http://sz-magazin.sueddeutsche.de/texte/anzeigen/40253/Tipp-Tippen [01.12.2014] **S. 46 f.** Ingo Fessmann: Ein Urteil fürs Regietheater. In: Theaterheute, Mai 2009 S. Seite 47 **S. 57 f.** Evgeny Morozov: Der Preis einer Person. Aus dem Englischen von Matthias Fienbork. Aus: Frankfurter Allgemeine Zeitung, 10.05.2014. Online unter: http://www.faz.net/aktuell/feuilleton/silicon-demokratie/kolumne-silicon-demokratie-der-preis-einer-person-12928191.html?printPagedArticle=true#pageIndex_2 [08.12.2014] **S. 63** Hans Magnus Enzensberger: An alle Fernsprechteilnehmer. In: Landessprache. Frankfurt/M.: Suhrkamp 1960, S. 28 f. **S. 64** Hans-Dieter Gelfert: „Formlose" Form (Auszug). Aus: Ders.: Wie interpretiert man ein Gedicht? Stuttgart: Reclam, 1990 **S. 69** Christian Reinhold (2013): Castingshows. Aus: https://www.kindermedienland-bw.de/de/startseite/beratung/medien/filmfernsehen/castingshows/ [12.08.2014] **S. 70** Landesanstalt für Medien NRW: Befragung von 55 ehemaligen Teilnehmern von Castingshows (2013). Aus: Maya Götz / Christine Bulla / Caroline Mendel: Sprungbrett oder Krise? Das Erlebnis Castingshow-Teilnahme. Hrsg. v. der Landesanstalt für Medien Nordrhein-Westfalen, Düsseldorf 2013, S. 77. Online unter http://lfmpublikationen.lfm-nrw.de/modules/pdf_download.php?products_id=316 [13.09.14]; Maya Götz / Christine Bulla / Caroline Mendel: Sprungbrett oder Krise? Das Erlebnis Castingshow-Teilnahme. Aus: Maya Götz / Christine Bulla / Caroline Mendel: Sprungbrett oder Krise? Das Erlebnis Castingshow-Teilnahme. Hrsg. v. der Landesanstalt für Medien Nordrhein-Westfalen. Düsseldorf 2013. S. 115 f. Online unter http://lfmpublikationen.lfm-nrw.de/modules/pdf_download.php?products_id=316 [11.08.14] **S. 71** Irina Fernandes (2010): DSDS und GNTM – Zeitgeistphänomen Castingshow. Aus: http://109.68.50.141/wis/med/rtv/for/de6336496.htm [24.10.2014]; Maya Götz: Musik-Castingshows in Deutschland. Aus: tv.profiler #3 – Eine Unterrichtsreihe zu Musik-Castingshows. Hrsg. v. der Landesanstalt für Medien Nordrhein-Westfalen, Düsseldorf 2013, S. 8. Online unter: http://www.lfm-nrw.de/fileadmin/lfm-nrw/Publikationen-Download/tvProfi__03_web.pdf [11.12.2014] **S. 80** Philip Cassier: Ey Alter! So funktioniert das moderne Kiezdeutsch. Interview mit Heike Wiese. In: DIE WELT, 08.06.09. Online unter: http://www.welt.de/3885539 **S. 81** Jürgen Kaube: Heute ich geh Diktat. Aus: Frankfurter Allgemeine online (28.02.2012). Online unter: http://www.faz.net/aktuell/feuilleton/debatte-um-jugendsprache-heute-ich-geh-diktat-11664452.html [11.12.2014]; Wolfgang Krischke: „Ich geh Schule". In: Zeit online, 09.06.2006. Aus: http://www.zeit.de/2006/27/C-Kiezdeutsch [11.12.2014] **S. 82** Matthias Heine: In Wahrheit ist Kiezdeutsch rassistisch. In: Welt online, 30.06.2014. http://www.welt.de/kultur/article129622721/In-Wahrheit-ist-Kiezdeutsch-rassistisch.html [11.12.2014] **S. 88** Ulrich Greiner: Die unvergängliche Kette – Weshalb wir einen Kanon brauchen. In: Die Zeit (Hrsg.): Bücher für das ganze Leben. ZEIT-Literaturkanon. 50 deutschsprachige Klassiker. Hamburg 2014. **S. 89** Jens Jessen: Mode und Menschheit. In: Die Zeit (Hrsg.): Bücher für das ganze Leben. ZEIT-Literaturkanon. 50 deutschsprachige Klassiker. Hamburg 2014; Marcel Reich-Ranicki: Literatur muss Spaß machen. Marcel Reich-Ranicki über einen neuen Kanon lesenswerter deutschsprachiger Werke. Spiegel-Gespräch mit Volker Hage. In: Der Spiegel 25/2001, S. 212–216. **S. 90** Walter Hinderer: „Wir wollen sehen, ob die Mode oder die Menschheit auf dem Platz bleiben wird" – Schiller, „Kabale und Liebe", 1784. In: Bogdal, Klaus-Michael; Kammler, Clemens (Hrsg.): (K)ein Kanon. 30 Schulklassiker neu gelesen. Oldenbourg: München 2000, S. 36–43; Werkstatistik des Deutschen Bühnenvereins für die Spielzeit 2012/2013: Anzahl der Besucher bei den Dramen mit den höchsten Inszenierungszahlen in der Spielzeit 2012/2013: eigene Grafik nach einer Pressemitteilung des Deutschen Bühnenvereins, veröffentlicht 08.09.2014, online unter http://www.buehnenverein.de/de/presse/pressemeldungen.html?det=402

Bildquellenverzeichnis
S. 3 © Corbis **S. 4** © Stefano Bianchetti / Corbis **S. 15** picture alliance / ZB **S. 32** akg-images **S. 42** © guukaa – Fotolia.com **S. 55** picture-alliance **S. 58** © Jürgen Fälchle – Fotolia.com **S. 63** picture-alliance

Die Grundlage für dieses Werk wurde erarbeitet von
Gerd Brenner, Heinz Gierlich, Christoph Hellenbroich, Deborah Mohr, Philipp Schmolke, Frank Schneider, Bernd Schurf und Andrea Wagener.
Redaktion: Verena Walter
Illustrationen: Petra Ballhorn, Berlin
Umschlaggestaltung: Studio SYBERG, Berlin (Foto: Gina Sanders – Fotolia.com)
Layout und technische Umsetzung: lernsatz.de

Dieses Arbeitsheft ergänzt das Lehrwerk „Texte, Themen und Strukturen. Deutschbuch für die Oberstufe".

www.cornelsen.de

Die Webseiten Dritter, deren Internetadressen in diesem Lehrwerk angegeben sind, wurden vor Drucklegung sorgfältig geprüft. Der Verlag übernimmt keine Gewähr für die Aktualität und den Inhalt dieser Seiten oder solcher, die mit ihnen verlinkt sind.

1. Auflage, 7. Druck 2021

Alle Drucke dieser Auflage sind inhaltlich unverändert und können im Unterricht nebeneinander verwendet werden.

Druck: Athesiadruck GmbH

ISBN 978-3-464-612477

PEFC
PEFC/18-31-166

PEFC zertifiziert
Dieses Produkt stammt aus nachhaltig bewirtschafteten Wäldern und kontrollierten Quellen.
www.pefc.de